轻释压

［美］詹妮弗 · L. 泰兹 著

彭相珍 译

中国出版集团

中译出版社

果麦文化 出品

致西尔维、埃利和阿舍——愿你们在面对压力时能勇往直前，心存善念。

致阅读本书的你——希望《轻释压》能帮助你和你身边的人重置压力，令生活充盈，让心灵富足。

导言

你是否幻想过，在短短几分钟内，无须全神贯注地冥想或用药物和酒精麻痹自己，就能随时随地减少压力反应的不良影响，那该多好啊！身为一名临床心理学家，我就亲眼见证了我的客户们一次又一次地实现了这个美好的愿望。我专攻向需要帮助的人传授有实证支撑的情绪调节方法和困境应对策略，作为治疗师，我在纽约和洛杉矶生活了14年，在这些年里，我已经让成千上万的人有意识地在面对挑战时停止过度思考、反复纠结或专注糟糕的一面，确保他们能调转方向，学会与情绪共处，然后向前迈进。我将这些策略统称为“压力重置策略”，并刻意将它们设计得简便易行，其中许多只需短短5分钟就能完成。与此同时，每个策略都基于实证研究成果，并被证明能有效释放压力（至少能暂时性释压），让你有机会暂停并重置自我，避免情绪继续螺旋式下降。

我相信大多数人都用得上这些实用策略，因为当生活的重压令人不堪重负、喘不过气的时候，人往往会在本能的驱使下，做出一些适得其反之事，但它们最终只会让我们（或情况）变得更糟。在情绪上头时，我们往往会做出不理性的判断，从而使出令自己身陷困境的“昏招”。不管是陷入痛苦的纠结、发送攻击性的信息、拖延症发作，还是用药物和酒精麻痹自己，所有这些自发的本能反应都可能会反过来加剧我们的痛苦。你可以这样理解：

压力 = 压力

压力 + 思虑过度 + 逃避问题 = 成倍的压力

其实，我们大可不必如此，“压力研究之父”汉斯·塞利博士是一位内分泌学家，早在近一个世纪前他就开始研究压力的问题。他认为压力是一种适应性的身体反应，即当我们感到不堪重负时，压力会促使我们做出反应。塞利博士发表了 1700 多篇与压力有关的文章，他是这样描述压力的：外部事件➔压力反应。数十年后，即 20 世纪 80 年代，专注于应对策略和问题解决的临床心理学家理查德·S. 拉扎勒斯博士进一步拓展了压力的定义，将人们如何对压力做出反应纳入压力的定义。他将压力描述为一种体验，在这种体验中，挑战、解释和反应都会发挥作用（压力事件➔压力⬅反应）。无论公式如何变化，我们从中得到的启示是：面对问题时，你选择的应对方式将影响你最终感受到的压力大小。

让我们以一个发生在我家的例子来说明：一天早上，我的丈夫亚当起晚了，又困又急（这两个因素可不是什么好组合），他在忙乱中打翻了一整箱牛奶，厨房地板上被溅得到处是奶渍。他火冒三丈，不得不拼命清理，然后又不小心被冰箱底部的护板割破了手。更糟的是，家里没有绷带，他只能心烦意乱地开车飞奔去药店买。从药店回家的路上，他焦躁不安地回想这一早上的“倒霉事儿”，猝不及防地遭遇了一场小剐蹭。电视剧都编不出这么离谱的情节！

当然，我也有足够多的亲身经历可以说明个人的不良反应如何令本就压力重重的状况雪上加霜。几年前，我刚刚生下第二个孩子后，便疲惫不堪地回归了职场。工作和照顾婴儿的双重压力令我喘不过气来，我开始没完没了地啃指甲，最后情况严重到我因为耐药性感染而被送进急诊室，必须做个小手术才能处理好。如果我当时能暂停这种压力应激行为，观察自己因压力而产生的啃指甲冲动，做几次深呼吸，尝试运用本书中的压力重置策略，或许根本就不会沦落到要在急诊室里待上好几个小时来做手术，也不用术后多次奔波，去医生那里复诊了。

我相信你肯定也有过类似的经历。

我的很多客户都与我分享过他们在面对压力时冲动而糟糕的应对方式：情场失意后，随便找一个陌生人或有问题的前男友寻求慰藉，结果却倍感孤独和挫败；被工作压得喘不过气来，于是沉迷于吃垃圾食品，大快朵颐过后却感觉身心愈加疲倦。面对压力，我们可能有无数种方式去破坏自己选择更好生活的能力，例如：

- 手头拮据 ➜花钱大手大脚
- 重要事项的截止期限迫在眉睫 ➜在追求完美和拖延之间摇摆不定
- 感到焦虑 ➜过度研究解决之法或过度关注问题，甚

至陷入恐慌

○ 哀悼悲痛 ➔依赖药物来麻痹痛苦

○ 感到精疲力竭 ➔熬夜刷手机

所有这些“逃避”行为，都将损害我们的自我效能感，或者削弱我们的应对能力。打个比方，这就好比你本来想把污渍擦干净，却适得其反地导致污渍扩散了。因此，在接下来的章节中，我将鼓励你更深入地审视自己习惯性逃避压力的方式，这一过程本身就能赋予你解决问题的力量。通过反思和改进你在重压时刻的应对方式，你将学会珍视自我关怀的能力，并最终学会驾驭自己的情绪，从而活出更精彩、更快乐的人生。

不要妄想杜绝诱发压力的事件，这是不可避免的，因此我们不应该坐等压力自然消退或生活变得更加可预测，而应该积极地行动起来。而且，最好的行动时机，不就是此时此刻吗?

根据美国心理学会在 2022 年进行的一项调查，有 27% 的美国成年人表示，国家的政治分裂、经济衰退和气候变化等问题给他们带来了巨大压力，以至于他们无法正常地生活和工作。还有 76% 的受访者表示，压力已经严重影响到他们的健康状况。此外，长期得不到解决的压力将导致更长期的心理问题。据世界卫生组织（WHO）估测，自 2020 年新冠疫情暴发以来，全球焦虑症和抑郁症的发病率上升了 25%，其中美国的抑郁症发病率几乎飙升到原来的三倍。我们中的许多人仍然面临着会耗尽我们积极情感资源的环境，如经济下行、结构性种族主义和性别歧视等。此外，枪支暴力对正常生活的威胁和人工智能对职业发展的颠覆性影响等问题引发的严重担忧，可能会带来令人难以置信的压力。因此，每个人都应该了解和掌握这些简便易行、效果立竿见影的身心重塑方法，它们让我们能放慢脚步、放松呼吸、解决问题！

然而，你需要先反思可能令你陷入压力且无法自拔的关键潜在习惯。大多数在应对压力上感到吃力的人通常会：陷入消极思维的泥潭，批判压力诱发的身体反应，逃避造成压力的事务。这些不良习惯都会导致身体产生应激反应，而且这种应激反应会自我累积，继而加剧压力的严重程度。例如，当你告诉自己“我做不到！”时，身体的应激症状会被诱发，包括全身颤抖、口干舌燥或其他糟糕的感受。这将诱发第二种常见的反应：批判自己的身体在压力之下产生的自然反应。而这只会加剧灾难性思维，最终导致我们想方设法地逃避任何可能令我们感到压力的事情，拒绝去做可能具有重要人生意义的事情。你现在或许已经意识到了这些坏习惯的严重性：随着这种恶性循环的持续，你很难以正确的观点看待问题，也无法真正解决令你倍感压力的问题。

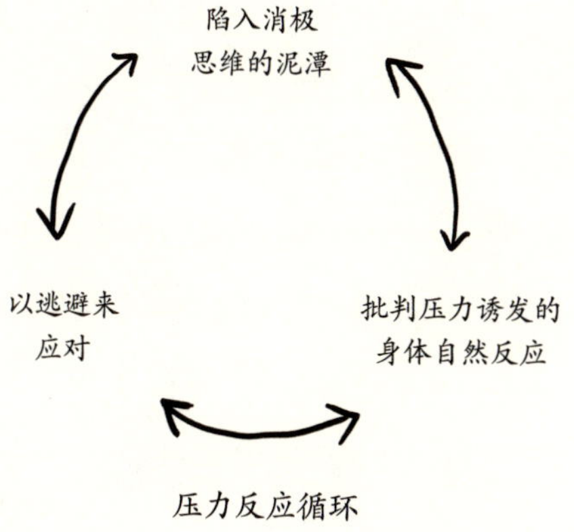

压力反应循环

当然，逃避令我们担忧之事乃是人类的天性，再加上存在琳琅满目的事物来分散我们的注意力，比如花好几个小时浏览社交媒体、毫无节制地饮酒或吃零食。当前还有一种非常“流行”的解忧之法：越来越多的人开始依赖苯二氮䓬类处方药，如赞安诺和克洛诺平等。这些药物被视为最常见的“解忧方案”。需要明确的是，我完全支持那些正在经历持续心理问题的人寻求治疗。我也由衷赞赏在困境中勇敢寻求专业帮助的行为。但我特别担心苯二氮䓬类药物的滥用，由于其成瘾的可能性和不容忽视的副作用，美国食品药品监督管理局（FDA）已经敦促医生慎用此类药物。尽管如此，美国每年开出的抗焦虑药物的处方仍超过 9200 万张。此外，只要一感觉压力过大就吃药，这只会令人更加认定自己不可能依靠自身能力解决压力问题。

要改变这些破坏性行为模式，我们需要转向自身，而非向外部寻求解决方案。我们需要专注于我们对人生意义的理解，停止为了一时的享受和逃避而牺牲生活质量的行为，寻找更明智的应对方法。只有这样，我们才能在遭遇困难时做得更好。精神科医生维克多·弗兰克尔的一句话给了我很大启发：“在刺激和反应之间，有一个空间。在那个空间里，我们有能力选择做出怎样的反应，而我们的反应蕴含着我们的成长和自由。”

本书将为你提供拓宽这个空间的具体指导。在接下来的内容中，我将分享一些我个人喜欢的技巧，这些技巧融合了正念与行为疗法的原理，能帮助人们有效应对激烈的情绪和情况。下面我将详细介绍这些方法，以及它们将如何帮助你应对压力。

辩证行为疗法[1]（DBT）是由华盛顿大学名誉教授玛莎·莱恩汉博士开发的一种治疗方法，最初是专门为帮助边缘型人格障碍患者而设计的一套方法。边缘型人格障碍可能包括难以控制的冲动和不稳定的人际关系，专家们一度认为这种疾病是终身性的，难以治疗。但是，无数接受辩证行为疗法的边缘型人格障碍患者最终显著改善了突出症状，病情得到缓解，甚至不再符合这种疾病的诊断标准。最近，辩证行为疗法被用于治疗创伤后应激障碍（PTSD）、成瘾药物滥用、暴饮暴食和贪食症等问题。我的许多客户都承受着巨大的压力，这些压力来自长期的孤独、无效的人际关系、毫无成就感却又耗尽精力的工作和长期照顾他人的疲累，他们发现辩证行为疗法提供的技能对处理这些旷日持久且令人身心俱疲的情绪问题很有帮助。

我很喜欢教授一门叫作“痛苦耐受技能”的课程，课程教的这套技能是专门为经常感到被强烈的情绪击败、无法轻松解决问题的人们设计的。作为辩证行为疗法的构成内容，痛苦承受技能将帮助你提升接受能力和意愿，让你意识到自己在应对压力时产生的特定冲动有何利弊，并引导人们集思广益，想出更多振奋人心的方法来渡过难关。所有这些技能都将帮助我们更有效地应对压力。

我还会借鉴接纳与承诺疗法（ACT）的一些策略，这套疗法由内华达大学里诺分校名誉教授史蒂文·C. 海斯博士首创，它能帮助人们变得更加灵活、更专注于当下、更忠于自己的价值观。此外，

1　此处的“辩证”指的是这样一种概念，即看似对立的观点可能都是对的。辩证行为疗法的一个关键辩证法是，你可以在接受一切的同时，采取行动来改变你的生活。——作者注

你还将学习到统一协议（UP）提供的实用工具，这是一项认知行为疗法（CBT）计划，可以帮助人们勇敢面对他们想要逃避的一切。统一协议由波士顿大学名誉教授戴维·巴洛博士及其同事率先提出，能有效解决一系列心理问题。

所有这些疗法都以实证研究为基础，旨在增强你摆脱无益想法的能力，并培养你的接纳心态，让你可以全身心地活在当下，去创造对你而言有意义的生活。如果你认为“接纳”的概念与个人的人生追求截然相反，那么你需要知道，“接纳”并不意味着一成不变。恰恰相反，学会接纳压力，并留意自己的身心反应，将让你能够更有效地应对眼前的压力。你将发现，增强自己在压力之下的应对能力，也能帮助你超越那些可能令事情变得更糟糕的冲动。包括我在内的辩证行为疗法、接纳与承诺疗法和认知行为疗法的治疗师们都在自己的生活中运用这些工具来应对各种各样的难题，无论是日常琐事、慢性疼痛，还是挥之不去的伤痛。

最理想的情况是，我们每个人在人生的最低谷时刻都能立刻找到一个人来给予我们振奋人心的鼓励，然而这个美好的理想并不总是能实现。此外，我的许多客户都注意到，在压力最大的时刻向他人宣泄，并不总能有效地释放压力，因为过度分享压力可能会令你感到烦躁不安。专家们已经意识到，压力是会传染的。令人遗憾的是，即使是最善意的知己，有时候也会低估我们所承受的压力，不把它当一回事（“别担心，一切都会好起来的！”）或提出不切实际的建议（“你能不能出去躲几天？”）。

无论你是在深夜无法入睡时拿起这本书，还是在不堪重负的工作日翻阅这本书，我希望你在倍感压力的时刻，都能想起它。在你阅读的过程中，我希望能让你感觉我就在你身边，做你的啦啦队和压力教练，为你加油鼓劲、教你如何应对压力，鼓励你，尊重和同情你的经历，并通过提供实用的方法来帮助你更轻松地渡过人生的诸多难关。

正如我的朋友和同事、宾夕法尼亚大学精神病学教授兼认知疗法中心主任科里·F.纽曼博士所说：“只要你别让事情变得更糟，就能立即减少一半的压力，你甚至不用努力，也无需付出任何成本。”换言之，只要能遏制冲动的反应，你就能大大改善当前的处境。因此，在接下来的内容中，你将学到如何避免让事情变得更糟。除此之外，你还将学到改善处境的有效方法。

◇ 如何使用本书

当我坐下来撰写这本书时，我梦想着写出这样一本书：它是一个万能关怀包，我可以把它送给客户，让他们记住卓有成效的情绪管理方法，同时也能提供给需要帮助的无数读者，所以请你将这本书想象成一本专门为你的身心幸福准备的“食谱”。换句话说，它会成为一本简明易懂、易于掌握的指南，附有清晰明确的操作说明，你可以根据个人的喜好和需求从中挑选。在这个注意力普遍分散的时代，一本探讨压力的书籍理应让人在阅读过程中感到轻松自如，而非增添压力。

如果你想要先了解自己的压力状况，并更好地理解改善心态、心理习惯和应对方法等相关信息，请从第一章开始阅读，这部分内容也将帮助你理解后续的技巧和方法能提供哪些帮助。如果你的时间紧张，没有精力阅读大量内容，可以直接跳到第二章，在那里你能找到一些简单易行的方法，帮助你在压力过大时重拾状态（当然，等你有时间了，务必回头读读第一章）。在第三章你能找到适合长期练习的方法，我将它们称为“压力缓冲器”：在你有更多的空闲时间，情绪更稳定，思维更清晰时，可以练习这些释压策略，它们将助你构建一个更为轻松的生活环境，并提升你在遭遇逆境后重整旗鼓的信心。你将发现，不必再慌乱地从一个紧张时刻过渡到另一个，而是可以培养持续的自我调适习惯，从而滋养心灵。

在你开启压力和情绪的管理之旅后，确保自己致力于真正用心、用脑、用身体去倾听这些想法，这一点很重要，研究表明，掌握新技能才能让你真正收获心理治疗的益处。光是阅读和思考这些策略的效果，远不如实际尝试并开发新的应对方式来得有效。因此，在你做好准备之后，请选择一些压力重置和释放方法，给它们一个机会，让它们增强你的应对能力，只要你稍作努力，就能获得全新的视角。本书还为你提供了一些参考图表，你可以用它们来跟踪和记录自己的经历。如有需要，你可以将它们复制到笔记本或计划表中。如果你找到了对自己最有效的方法，不妨将它们标注出来，方便随时取用。请你尝试在工作、家庭和社交场合多多练习和使用这些技巧，不断增强自己对情绪管理能力的信心，做到自信满满地应对生活中可能发生的各种状况。

最后，我想再次提醒，也许你已经因生活的压力而不堪重负，以致根本不想拿起这样一本讨论压力的书。但如果你能够意识到，阅读本书是一个积极的信号，表明你正努力让自己生活得更好，那么你是否就在瞬间获得了翻开本书的勇气？虽然我不想表现得像一个古板严肃的传统心理治疗师，但我依然希望你能抽点时间给自己点个赞，并发自内心地拍拍自己的肩膀，肯定自己这个明智的选择。需要提醒的是，如果你遭遇了严重的心理危机，本书的策略并不能代替专业治疗，请务必寻求专业人士的帮助。本书的策略也不能代替紧急情况下的心理治疗或帮助你解决人生最困难的挑战，它们的目标是告诉你，无论是感到停滞不前、压力山大还是惊慌失措，你在任何时候都有能力改善自身的感受。你不需要一条路走到黑或走上令自己追悔莫及的人生道路，只需要短短几分钟，调整你的思维方式和行为模式，就能带来改变。你在情绪调节方面的练习越多，就越能体验到不断增长的可能性，收获人人都渴求的东西：希望！希望不是一种转瞬即逝的感觉，它取决于你是否有明确的人生目标，以及是否愿意不屈不挠地朝着这个目标努力。相较于任何的一时享受和欢愉，我更愿意追逐长久的希望，你呢？

目录 CONTENTS

第一章　与压力为友，创美好人生 001

第 1 节　化心结为蝴蝶结 002

第 2 节　如何调节情绪 015

第 3 节　重新审视思虑过度 032

第 4 节　无药自丰，生命盎然 047

第 5 节　放眼于大局 059

第二章　高压时刻的压力重置策略 073

思维重置策略 078

身体重置策略 113

行为重置策略 136

第三章　增强心理韧性的释压练习　171

思维释压练习　175

身体释压练习　203

行为释压练习　224

后记　压力是激励成长的契机　256

致谢　260

第一章

与压力为友，创美好人生

第 1 节

化心结为蝴蝶结

关于压力，一个坏消息是它可能不懂何为“请勿打扰”。我们都有过令人厌烦的想法和感觉，它们不仅令我们效率降低、紧张不安，还会打乱我们正常的生活节奏。我自己以及我认识的很多人，在想方设法提升效率方面的经历都充分证明了这一点。我将在本书的后续章节中，分享我和他们的经历与故事。为保证相关人员的隐私，我将隐去他们的真实姓名及身份等信息。我希望这些故事能让你感到不那么孤单，并发现当你以不同的方式面对压力情境时，生活会变得更好。

我有一个客户名叫劳丽，她五十岁出头，遭遇了疯狂的裁员大潮，但有幸在一家技术公司找到了一份远程办公的新工作。她原本以为新工作能带来更多的兴奋与欣喜，却不承想它反而造成了前所未有的巨大压力。远程办公不仅没带来预想中的自由感，反而令她感到孤立无援。同事们分散于各地的办公模式，令她很难认识同事，并因此担心他们对自己产生负面评价。此外，只能与经理通过视频远程沟通，也令劳丽心里很没底。尽管没有人提出不满，但她仍不确定经理会如何评价自己的工作表现。劳丽告诉我：“虽然公司一年只评估一次我的工作表现，但我却常常为此感到焦虑，这让我自己都觉得尴尬。”当她提到公司里有些人毫无征兆地被解雇时，我对她的担忧有了更深的理解。

劳丽前来咨询时告诉我，过大的压力已经让她无暇顾及工作之外的任何事情，比如徒步和参加读书俱乐部等，这也难怪，因为她一直忍受着偏头痛和胃痛的折磨。她将这些症状归咎于新工作，而且这些症状正在逐渐占据她的生活。她还担心压力过大可能会严重影响她的睡眠质量，甚至是她的寿命。哪怕朋友们只是无意间问起："新工作怎么样？"她也会感觉特别难为情，不敢谈论自己的真实感受。这种严重的焦虑情绪也波及了她的伴侣，令他同样倍感沮丧。尽管他总是苦口婆心地劝劳丽："这份工作不值得你这么担惊受怕的，要不别干了！"但这些劝诫显然没有起到任何积极的作用。后来他给劳丽送了一本帮助减少压力的书，还有一些有助于"保持冷静"的小玩意，这反而令劳丽更加绝望和焦虑。她表示："现在，压力不再只是偶尔令我感到焦虑，它已经严重地影响了我的正常生活，令我感觉人生彻底失控了。"

◇ 压力大揭秘

我们通常用"压力"一词来描述各种令人沮丧的经历，以及因此产生的感受和反应。这些经历可能是突发事件，比如剧烈的争吵或疾病，也可能是温水煮青蛙式的慢性症状，如劳丽遭遇的长期工作压力。我在本书中探讨"压力"时，将专注于由于资源无法匹配需求而诱发的压力。这个概念最早由加利福尼亚大学伯克利分校的心理学家理查德·S. 拉扎勒斯和苏珊·福尔克曼提出，包含了两层定义：第一，认为自己正遭受威胁；第二，认为自己无论是在情感上还是实际操作上都无法应对。如果你像劳丽一样，发现自己存在“这太难了……我应对不来”的想法，这就是我们致力于解决的一个典型压力问题。我还想澄清一点，压力与焦虑不同：压力是生理或情绪层面的平衡被打破的状态，而焦虑则指的是某种原因诱发的过度、长期的担忧，它可能是压力导致的一种情绪反应。事实上，很多人会将焦虑和压力混为一谈，因为大多数的压力与焦虑一样，都是预想性的，或者与当下发生的事件没有直接关联。我们确实能将二者区分开来，它们的第一个区别是压力和焦虑的衡量方法不同。

我们已经开发了诸多评估压力的方法，从生活的动荡程度到压力的持续时间，再到我们感知到的控制力，不一而足。心理健康专业人士在评估压力时最常用的方法是“压力感知量表”，顾名思义，压力存在与否，在很大程度上取决于个人的感知。这个量表以调查问卷的形式，询问人们是否感觉生活压力过大，以及他们有多大的信心去解决压力。相较之下，专业人士通常将其作为评估焦虑的方法，如“贝克焦虑量表”侧重于评估一个人的焦虑程度，以及他们体验到的生理症状，如恐慌或心跳加速等。

二者之间的另一个区别是，压力往往源于外部环境，而焦虑可能不存在明显的外部诱因，并且可能会持续存在，尤其是当你处在难以接受生活中的不确定性并避免引发恐惧的情境时。劳丽遭遇的压力由新工作引发，并随着时间的推移而恶化，成为长期的焦虑。我很高兴她能主动寻求专业的心理干预，因为尽早介入确实能有效预防压力演变成需要长期应对的焦虑症。

我反复向劳丽表明：压力不一定是坏事。当你面对一件望而生畏的事情时，如果你坚信自己有能力解决，就能化压力为动力，将其视为一个有益的挑战。然而，如果你认为压力已经超出了自身能力范围，它就会成为一种威胁。你可能已经猜到，研究显示，被视为带来威胁的情况，会加剧人们生理层面的不良反应，如心跳加快、血压升高、负面情绪加重和认知能力的降低等。

当然，压力并不完全源自主观感受，或仅是一个抽象的感知问题，我们很多人确确实实地感到精疲力竭，觉得当前迫在眉睫的压力属实令人难以承受。更糟糕的是：健康的身心（或用于兜底的保险）并不能保证我们免遭压力之苦；现代社会的工作和人际关系似乎变得前所未有的脆弱；枪击、贫困和社会不公现象等引发的悲剧令人心生绝望；更高效而多样化的沟通方式也令我们难以获得片刻宁静；无处不在的沟通令我们很容易觉得自己必须时刻“在线”、随时响应，但这只会榨干我们的全部精力；我们选择的放松方式也不一定真的能让我们放松身心、补充能量。平均每天花上两个半小时浏览社交媒体（研究表明这是大多数人选择的放松之道），只会令我们身陷信息的汪洋大海，觉得自己必须身材出众、紧跟潮流、功成名就，永远摆出一副悠闲享受快乐人生的姿态，但这只会令我们压力陡增，认为自己不能错过任何机会，必须做到完美无缺……所有这些追逐完美的要求，只会令人倍感压力！

然而，压力并非一无是处，我个人的经验证明，即使生活已经令你感觉不堪重负，你依然能够掌握有效的应对之法，在避免把事情搞得更糟的同时采取行动，让生活变得更美好。

◇ 拥抱“压力也是动力”的想法

在阅读本书时，你需要记住本书的目标并非彻底消除压力。首先，没人能彻底摆脱压力，想要活出有意义的人生，承受压力就是我们必须付出的代价。正如著名社会心理学家、澳大利亚昆士兰大学教授罗伊·鲍迈斯特所说：“有意义地参与人生，必然会令压力倍增。”想象一下，想要过上零压力的生活，你必须尽量缩小活动范围，刻意否定生活的现实，避开任何可能具有挑战性的事情。换句话说，你的生活必然是一潭死水式的、离群索居的，而这样的生活只会令人感觉压抑和无趣。事实上，适度承受压力和挑战对我们反而有益，有助于增强我们的韧性和复原力。美国纽约州立大学布法罗分校教授马克·西里博士在经过广泛研究后得出结论：“适度经历逆境的人生可实现的高度，总是高于过度坎坷或一帆风顺的人生。”

换言之，即便压力一贯声名不佳，但它确实能促进个人的发展和成长。首先，我们要将压力视作一种利大于弊的正常反应，即在追求目标时对可能遇到的障碍的预期或面对，正如我向劳丽所强调的。我们在追求人生目标的过程中，每当预感到或真正遭遇困境时就会感到压力。我告诉劳丽，这就是她倍感压力的一个原因。此外，这种压力感还诱发了她的焦虑情绪，导致她自我怀疑，比如：“我到底有什么毛病？”“谁会把一件大好事变成大问题？”“这些压力会不会导致我因为无法专心工作而被炒鱿鱼？”

令人欣慰的是，只要你能改变看待和应对压力的心态，就可以化压力为动力，避免被压力所困。我在与劳丽对话时宽慰她，告诉她感到有压力是一件再正常不过的事情，尤其在工作伊始，再加上她还要在临时改装成办公室的客厅里居家办公，压力只会更大。然而，感觉到压力并不意味着需要听命于它，也不是什么羞耻的事。每当劳丽说出“我要改变自己——我到底有什么毛病？”之类的话时，我不得不提醒她，这不是她的错，她无须为自己的真实感受道歉。

我很兴奋地与劳丽分享了临床心理学家阿丽亚·克拉姆在压力心态方面的开创性研究，即把压力视为可能有用之物。身为斯坦福大学身心实验室的首席研究员，克拉姆博士研究了“压力对我有害”的心态给人们的身心健康带来了哪些坏处。她建议人们重新审视自己对压力的认识。相较于脑海中来来去去的瞬时想法，心态更广泛地反映了我们对事物的看法，这就意味着只需要调整我们的整体态度，就能有效地改变我们的世界观。

在一项研究中，克拉姆博士和同事们制作了一段3分钟的视频，该视频旨在将压力描绘为生活中的积极因素，并辅以欢快的音乐和积极的信息，还提供了证明压力能催化巅峰表现、提升身体含氧量、强化专注力、增强决策力，以及帮助人们成为领导者的代表性事实和故事。在观看短片后参加了一些压力巨大的事情（如模拟面试和发表简短演讲）的受试者，展现出更活跃的思维和更积极的情绪。

与其抱怨压力，或以有问题的方式去尝试减轻或逃避压力（如拒绝一份本可以令你大放异彩的工作邀约），抑或诉诸破坏性行为（如酗酒），克拉姆博士和同事们鼓励人们利用下面的方法，充分化压力为助力：全力以赴地争取你想要牢牢把握的机会；允许自己以不带批判性的眼光体会倍感压力时的感受；充分理解压力可能对你有益。心态转变的关键在于，采取行动来激励自己，而不是退缩，尤其是在面对有助于实现人生目标的挑战性机遇时。比方说，如果你能将充满压力的时刻看作展现个人价值和提升水平的良机，你会如何面对挑战？积极视角的转换能让那些持续带来压力的事情，如照顾所爱之人，被你视作对自身美德的锤炼和打磨。

在我谈到拥抱压力的可能性时，劳丽与我的许多客户一样表达了怀疑。她问我："压力不是会加重疾病以及加速死亡吗？"阿比奥拉·凯勒博士是马凯特大学护理学院的助理教授，她主持了一项开创性的压力研究，这项对 2.8 万人进行的调查发现：与承受压力但不认为它影响了健康的人相比，承受强压并认为压力有损健康的人，确实面临更高的过早死亡风险（高达 43%）。所以，过度担心压力会对健康造成不利影响，不仅无法避免问题，反而加剧了压力的不利影响。

劳丽在一天下午告诉我，她想要通过当天的干预治疗来学习如何在大型会议前冷静下来，以减少自己对他人看法的关注。我建议她把"冷静"换成"兴奋"，她一脸疑惑地看着我。在哈佛商学院副教授艾莉森·伍德·布鲁克斯博士主导的研究中，90% 的参与者认为，人们必须能够在令人焦虑的行为开始前冷静下来，然而这种强行要求自己冷静的想法，实际上反而造成了很大压力。仔细反思一下你为这种强制放松做过的努力，你可能会发现，即便你把自己搞得精疲力竭，还是无法获得这种“强求”的放松。要解决这个问题，布鲁克斯博士建议你可以换个角度思考这种改变自身感受的冲动，或干脆置之不理，允许强烈的焦虑或紧张感的存在，同时重新将它们解读为兴奋之情。这个方法让你无须再压抑自己的真实感受，而是在尊重它们的同时，将它们对情绪的影响“化消极为积极”。

布鲁克斯博士牵头的另一项研究调查了即将在卡拉 OK 表演中登台演唱旅行者乐团的《不要停止相信》的人，发现在登台之前大喊“我很兴奋”的人，比没有喊出这句话的人，唱得更准确也更自信。在她的另一项实验中，能将面对 2 分钟演讲的紧张重塑为兴奋之情的参与者，在演讲时表现得更加激情满满、口若悬河，甚至在讲完 2 分钟后还停不下来！在其他人眼中，能将压力重塑为兴奋感的人，也表现得更自信、更有能力。

劳丽终于意识到，只要她能放下对压力的偏见和厌恶，就能重拾对新工作的热情。此外，她在不再责怪自己太紧张、不再强迫自己冷静下来后，反而有了更多精力来专注于工作。事实上，优秀的表现需要我们保持一定程度的兴奋感，而不是一味追求平静无波的状态。同样地，劳丽将这种兴奋之情投入工作之外的重要事务上，她告诉我：“兴奋感帮助我找回了充沛的脑力和精力，我很高兴地告诉你，我回归了读书俱乐部，还开始担任志愿者，帮助家庭暴力的受害者制作求职简历。”

现在，轮到你了。请你尝试在生活中把“冷静下来”换成“我很兴奋”！你心里可能想的是：“好吧，我可以告诉自己，压力是正常的，甚至令人兴奋的，但如果我的身体反应不配合呢？”罗切斯特大学心理学教授、压力研究专家杰里米·贾米森博士与同事合作撰写了一篇论文，用了一个无比精妙的标题《化心结为蝴蝶结》。他们在这项研究中鼓励一组备考 GRE（许多美国大学的研究生院必备的入学先决条件）的学生以积极的心态，重新评估在备考过程中产生的所有生理性压力反应。研究人员要求备考者简单地提醒自己，不管是心悸还是心慌等身体上的压力症状，都有可能帮助他们取得更好的成绩，而不是造成学习困难。与没有被告知要积极看待压力的对照组学生相比，这些学生在 GRE 数学考试中均取得了更高的分数。

贾米森博士跟同事在另一项研究中，调查了社区大学的学生在数学课程上的表现。研究发现，教导学生重新评价由压力引发的生理唤醒，不仅能提升学生们的数学成绩，还提高了他们完成课程学习的人数比例，同时降低了皮质醇水平（压力增大的生理指标）。在另一项研究中，哈佛大学的心理学家米兰达·贝尔策与同事们邀请参与者当众演讲。研究结果显示，只要演讲者能将登台前的紧张忐忑情绪和深呼吸视为有益的信号，那么他们的表现就会全面提升，他们的羞耻感、焦虑感和烦躁感会减轻，认知能力和心血管功能也有所提升。以上研究表明，我们对自己说的话将显著影响我们的态度、感受以及表现。

更令人吃惊的是，将自己对压力的看法从消极转为积极，还能缓解我们身边的人感受到的压力。加州大学圣迭戈分校拉迪管理学院副教授、社会心理学家克里斯托弗·奥维斯博士牵头的一项研究表明，当产品设计团队中的成员学会重新评估自身的压力时，他们的队友的压力也能得到缓解。

然而，重新评估自身压力的一个挑战是，如何在不同的情境下做到压力重置。尽管参与前述研究的人，都可以积极地重新思考他们在特定情境下的压力反应，如备考或公众演讲等，但在处理棘手的人际关系，或令人担忧的健康问题时，他们不一定能做到。正如贾米森博士所言："我们面临的问题是，能否做到由此及彼。"为了真正将适应性心态内化并应用于生活的方方面面，与贾米森合作的得克萨斯大学奥斯汀分校副教授、发展心理学家大卫·耶格尔博士建议我们秉持一种协同心态，即有机地结合成长心态（相信深思熟虑地应对和积极寻求帮助，就能将挑战化为机遇的心态）与压力可化为动力的心态（认识到压力在生理层面的反应可以激励我们表现得更好）。只要你相信自己具备成长的能力，相信身体的反应能为自己赋能，你就更有可能灵活地应对各种压力。耶格尔博士与同事通过六组不同的实验，对八年级到大学阶段的4000多名学生进行了抽样调查。调查结果显示，30分钟的协同心态在线培训，就能显著降低学生们的皮质醇水平，改善心理健康问题。参加培训的学生即便时隔一年，通过课程考试的概率依然更高，从而缩小了成绩差距。

你也可以在自己的生活中，全面提升你对自身成长能力的认识，学会接受压力偶尔带来的不适感（如忐忑不安的心情），这将令你更有信心去追逐新目标。劳丽和我一起研究了压力的许多应对策略，这让她可以将自己视为一个不断进步的人，将压力视为可以促进自己发展的动力，而不是纠结自己会不会被解雇。

当然，提供一个有利的环境，对健康心态的培养至关重要。正如贾米森博士告诉我的那样，心态的转变就如种一朵花，你不仅需要优良的种子，还需要肥沃的土壤，因为贫瘠的土地上难以开出美丽绚烂的花朵。于是，劳丽和我一起研究了如何更自信、坚定地向伴侣表达自身诉求的方法，请他为她加油打气，而不是喋喋不休地要求她冷静下来，或干脆劝她辞职。我希望你也可以跟身边支持你的亲朋好友谈一谈，让他们认识到压力实际上能成为赋能的动力，让他们多多鼓励（尤其是在你特别需要有人给你加油鼓劲的时候），而不是因你感觉有压力而横加指责。

劳丽还学会了如何在面对棘手问题时制定具体的应对策略。我们俩一起努力确定了她的价值标准，找到了防止“忧思过度”的应对策略。比如，当她收到老板发来的一封含意不明的电子邮件并因此而倍感压力时，她会设定一个计时器，花几分钟时间，坐在院子里的草坪椅上，专注于自身的呼吸，在大自然中放松身心，避免习惯性地想太多。待到情绪稳定、头脑清晰后，她给老板回了一封邮件，请老板具体说明上一封邮件想要表达什么信息。

我们既要允许自己产生有压力的感觉，也要在需要快速从重压中振作起来的时候，有能力制定快速的应对之策。我们早已习惯生活在一个错综复杂的世界里，以至于不敢相信或轻易拒绝看似简单易行的解决方案，比如本书倡导的诸多压力重置之法。然而，正如沉重行李箱下面不起眼的小滑轮能极大地减轻负重那样，片刻的觉醒和可行的放松策略能极大地改善你的情绪，如果再结合接纳，就能取得更好的效果。

我个人发现，即使身处绝望之境，有意识地舒缓压力也能带来诸多好处。多年前，我曾为自杀热线提供志愿者服务。与这些身处人生至暗时刻的人沟通，我学到了一个神奇的方法，即有效的危机劝解，通常取决于两个核心技能：第一，让求助者感觉自己得到了理解、不再孤立无援；第二，帮助他们找到一个缓解绝望情绪的方法，且必须是在他们挂电话后的几个小时里可以施行的方法，比如填字游戏、看电视、联系朋友等，这些都是简单易行的小事，却能够帮助他们度过最危险的深夜。美国天主教大学教授戴维·乔贝斯博士解释说："在人们身陷绝望情绪的深渊时，大脑中的边缘系统会被激活，而前额叶皮质会被关闭。"乔贝斯博士创立了"自杀的合作式评估和管理"项目，这是一套预防自杀的先进临床干预措施，他告诉我："只要你为人们提供了正确的工具，他们从困境中复原的能力将超乎你的想象。"他还补充解释道："了解有问题的思维模式和依靠相对简单的应对方法，就能激活大脑中促进'向前看'积极思维的区域。"当我以心理学家的身份开始接受辩证式行为治疗培训时，我惊讶地发现，它提供的基本策略与我之前担任自杀热线志愿者时使用的策略几乎如出一辙，只不过它们现在的用处是帮助人们持续管理情绪和提升自我安慰的能力。尽管本书的目标是学会更好地应对压力，而非消除自杀的想法，但二者的相似之处也充分证明了压力重置的力量，即使在生死存亡的危急时刻，也能发挥显著效用。

至于劳丽，她发现在能够将压力视为动力而非负担，并掌握了在压力变得无益时将工作暂时搁置一旁的简单策略后，她获得了更多内心的平静。希望你在阅读本章内容之后，能够体验到你以前绝不会将其与压力相提并论的情绪：兴奋。我们要活出有意义的人生，就不免要承受压力，而想要提升自己应对压力的能力，关键在于心态的转变。只要我们能将心态从“压力太大了，我承受不了”转变为“我可以应对，我愿意接受挑战，我计划这样做”，必然就能轻松自如地应对各种压力。

第 2 节

如何调节情绪

我与客户梅兰妮初识时，刚四十出头的她形容自己是个“情感强烈的人”。她表示无论喜怒哀乐，她的情绪会极端又持久地存在。从好的一面来看，她感觉自己能深刻感受情感的能力很不错，因为这种情绪敏感性令她成为一个富有同情心的朋友和容易共情的人。然而，有时候她也很嫌弃这些过于强烈的情绪，尤其是悲伤、愤怒和恐惧等负面情绪。她回忆说：“打小我爸就说我总是‘大惊小怪’！”

梅兰妮眼下面临的困境是：她有一个蹒跚学步的儿子，这意味着她既要应付繁重的新闻工作，又要照顾正处于“可怕的两岁”的儿子，这两个重担榨干了她的时间和精力，导致她严重睡眠不足。严重缺觉令她一点就炸，这也令她忧心忡忡：“社交媒体上的人仿佛都过着幸福快乐的生活，而我却总是感到压力和烦躁，我真不明白为什么。”她告诉我，就在出门赶来见我并进行第一次咨询治疗前，她还在忙着收拾乱糟糟的屋子，却一时没留神光脚踩到儿子的一个小垃圾车玩具上（痛得要命）。她骂骂咧咧地把玩具甩到房间的另一头（幸运的是，儿子没在附近，没看见她的失态）。“我觉得我当时看起来就像个疯子，”她告诉我，“在这种糟心的时候，我打心底里觉得命运真的对我太不公平了。我甚至都不想提我那个一看见就令人来气的无用老公和他那没完没了的足球比赛……”梅兰妮对自己的批判可谓相当不客气，但我没有听信她的“一面之词”来对她做出判断。在我看来，梅兰妮是个心地善良的人，身为三个年幼孩子的母亲，我深深理解她为何时常觉得生活只剩下难以预料、无休无止的糟心事。

梅兰妮表示：“我只想做个情绪稳定的体面人，做个好妈妈，不再对丈夫心怀怨恨。”于是我邀请她加入我组织的一个心理治疗小组，组员们主要致力于学习情绪管理实用工具。情绪调节的目的是让你能够像调节灯光的调光器一样体验自己的情感——你不是在简单地开关它们，而是逐渐减弱那刺眼的光芒。我请梅兰妮思考，如果她学会更好地驾驭自己的情绪，能带来什么积极的变化。稍作思索后，她表示或许生活和工作的压力或意外的挫折，不会再令她那么难过。因为她已经意识到，全职工作的妈妈身份和要求让她很容易“一点就炸”，而暴躁易怒的脾气又让她没有信心和能力去应对挑战。

梅兰妮有一点说得很对：压力与情绪总是紧密相连，如影随形。每当你经历生理层面的亢奋（压力达到峰值时的常见反应），就很容易出现情绪波动。反过来看，学会管理情绪就能提升应对压力的能力。加州大学旧金山分校教授温迪·贝里·门德斯博士是情绪管理和压力管理研究领域的权威专家，当我向她求教二者的区别时，门德斯博士表示，压力和情绪非常相似，但情绪往往波动更大，比如瞬间爆发的愤怒或厌恶，而压力管理则是一项需要持之以恒的功课，唯有持续精进应对技巧才能驾驭。然而，门德斯博士对我说：“有趣的是，当我们想要去调节和管理压力或情绪时，往往可以利用相同的方法。”本质上，你可以将情绪调控理解为驾驭压力。

◇ 从哪里入手？

释放压力的第一步就是与压力为友，不要因为感觉到压力而自我批判。同理，调节情绪的第一个步骤，就是留意产生的情绪，是否令你想要否定自我。梅兰妮告诉我，因为丈夫布雷特没有如她期望的那样承担起养育孩子的责任，她总是冲他发脾气。然而，对丈夫的怒气很快就会过去，她随后就感觉自己发火的行为有点过分，认为自己是个坏人，这个想法令她的心情变得更糟了。先是因为他人的行为而生气，然后因为自己的愤怒情绪而生气，再到为此感觉羞愧难当，梅兰妮的一连串反应事实上编织了一张负面情绪的大网，将她裹挟，令她无法自拔。但如果你的情绪建立在事实之上（并非由自身的消极想法触发），它们就能让你学到经验教训，激励你采取行动或向他人主动传达信息。例如，适度的恐惧或焦虑情绪能激发行动的紧迫性，悲伤可成为积极改变生活的警钟，羡慕可激发奋斗的雄心壮志，嫉妒可守护人际关系的稳定，内疚和悔恨促使人们改过自新、弥补过失，厌恶则令我们避免同流合污。然而，当你从原初情绪（最初感受到的情绪）转向次生情绪（批判原初情绪后产生的情感反应）时，可能反而忽略了最初令你感到心烦意乱的罪魁祸首，这就好比你原本计划去超市买些生活必需品，却冲动购物，买了一大堆零食回家。

我向梅兰妮解释，如果她能学会接受自己的愤怒情绪，不评价其好坏，或许就能将其视为一个信号，表明她的某些需求没有得到满足，需要丈夫提供更多帮助。现在的情况是，她的次生情绪（因愤怒而产生的愤怒和恐惧交杂的情绪）逼得她失控地大吼大叫，但这并不能有效地促使布雷特主动伸出援手。梅兰妮因愤怒而心生愧疚，并时常因此压抑自身情绪，但这却起到了适得其反的作用，令她的负面情绪越发强烈。或许你也有过类似体验，知道压抑情绪会带来很大压力。来自不同文化背景的研究人员均发现，压抑情绪会导致血压升高。

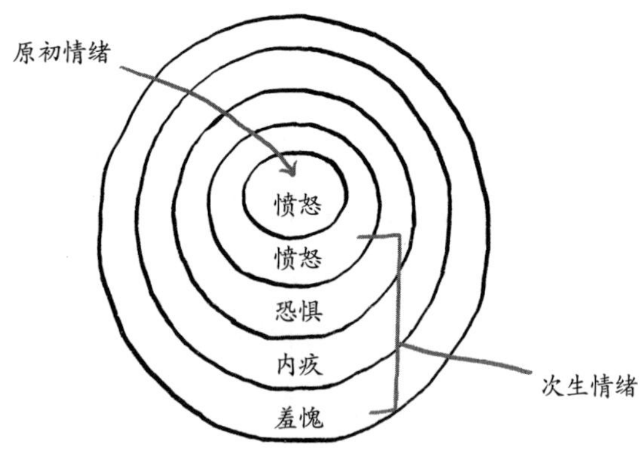

发现自己可以学习如何化情绪为指引，引导生活和自我的方向，这令梅兰妮松了口气。不过，她还是担心自己的原初情绪（愤怒）太强烈，做不到有效的愤怒管理和愤怒表达。我告诉她，正如压力管理那样，她对情绪的看法也至关重要。在耶路撒冷希伯来大学教授玛雅·塔米尔博士领导的一项研究中，研究人员跟踪调查了斯坦福大学的学生在升入大学这段通常“压力山大”的特殊时期内的情绪状况。他们发现，那些认为情绪不过是稍纵即逝的感觉，并自信能够驾驭这些瞬息变化的学生，不仅在调节情绪上游刃有余，在社交上也更得心应手，也能收获更深厚的幸福感。难怪塔米尔博士和团队在总结这项研究的结果时引用了佛陀的话：“认为自己能行者，方有成就。”

这就是为何我们在学习情绪调节和应对压力时，都需要秉持成长型心态。然而，良好的日常习惯同样重要，在你感觉身心疲惫、饥肠辘辘、孤立无援或疏于锻炼之际，驾驭情绪只会难上加难。当我们聊到，除了围着孩子和丈夫转以及埋头工作之外，生活还剩下什么时，梅兰妮坦言自己已经好几个月没参加任何社交活动了，她熬夜沉溺于游戏的放松方式非但于事无补，反而使次日的压力倍增。我明白这些建议或许显得老生常谈，但正如你会不辞辛劳地在上高速前加满油箱，以免中途因缺油而抛锚那样，养成良好的睡眠习惯、远离有害身心的物质、参与增强心理韧性的活动（如增进友谊、摄入营养丰富的食物、积极锻炼身体）等做法同样重要，它们都是能让你筑起更强抗压防线的关键。梅兰妮惊讶地发现，只微调日常安排，比如早睡一小时、每个月至少安排一次社交活动，就能让情绪调节变得更轻松。

同样重要的是，不可忽视那些可能影响健康的未被诊断的疾病。梅兰妮在我的建议下去看了初级保健医生，她终于明白自己为何总是感到烦躁不安，一定程度上是因为激素的波动和围绝经期的悄然来临，这个新认知也为她开启了自我宽慰的大门。

当然，人生难免有情绪过激的时候，尤其在你彻夜难眠之后。为此，提醒自己在疲惫不堪时更容易被挫败感等强烈情绪左右，可以促使你三思而后行，将重大决策延迟到精力充沛时再做。

◇ 情绪反应的 ARC 模型

了解情绪体验的构成要素，可以帮助你在不同时刻重新调整和改善情绪，避免成为情绪和压力的俘虏。首先你要知道，情绪实际上遵循了一条可预测的路径，即 ARC，其中 A= 先导（Antecedent，即触发反应的事件），R= 反应（Response，包括想法、身体感觉和行为），C= 后果（Consequences，即短期后果和长期后果）。

要追踪情绪的来龙去脉，先要识别常见的先导因素，分辨它们是由外部事件引发——如他人的失信或猝不及防的最终期限，还是由内部事件引发——如身体的疼痛或心神不宁的思绪（当然，某些先导因素可能会无缘无故地冒出来，比如意外收到陪审团的传票）。在识别原始压力源之后，注意不要自怨自艾，而要思考未来如何更有效地应对。即使你做不到未雨绸缪（毕竟情绪和压力本就无可避免），提升自己对先导因素的警觉也就足以避免压力的恶性循环。

接下来，请聚焦于你的反应，包括想法、身体知觉和行为的反应，因为它们共同塑造了情绪。若你能花时间反思自身的想法、身体感觉和行为反应，就能在情绪循环的不同阶段设置宣泄的出口，减轻过激情绪的强度，避免自己陷入情绪的泥潭。

同样重要的是审视这些反应带来的后果，尤其是过激情绪诱发的行为，比如梅兰妮在情绪失控时，将儿子的玩具车怒甩到房间的另一头。你的行为令你产生了怎样的感受？或许，在火冒三丈的情况下，怒扔玩具卡车和骂骂咧咧是梅兰妮的本能反应，但在反思孩子如果目睹她失态将会怎样后，她便决心下次做出更理智的决策。

现在轮到你了。请根据下表把你最近经历过的情绪分解成一个情绪反应的 ARC 模型。

先导	反应			后果（短期和长期）
	想法	身体感觉	行为	

◇ 改善你的 ARC（先导—反应—后果模型）

当你明确了可能诱发情绪的强烈波动的因素，便可以采取相应措施，改善你在 ARC 各阶段的感受。接下来，我们将具体探讨可能诱发情绪强烈波动的五大因素。

1. 预测先导

若导致你倍感压力的事件本身易于解决，那么提前制订应对计划这个简单的举动，就足以有效解压、振奋心情。如果你担心周末会因无事可做而感觉漫长难熬，未雨绸缪地提前联系几位友人，安排一些娱悦身心的活动的效果要比你等到感觉孤单凄凉再绝望地寻找补救措施好得多。对梅兰妮而言，引发不快的一个常见先导因素是，在她感觉“累得手指头都不想动”，连个喘气的空闲都没有的时候，抬头却看到丈夫悠然自得地看电视，她瞬间就气炸了。我们的讨论启发了她采取新的应对策略：在情绪失控前，先明确表达自己的需求。比如，她尝试主动向丈夫提议："嘿，如果你要看电视转播的球赛，能不能让我先歇一小时？"虽然她内心很不爽自己需要开口索要一小时的安宁——这是丈夫本应主动给予的关怀！但她庆幸地发现，布雷特非常乐于接受她的安排并伸出援手。梅兰妮还意识到，在她清楚自身所需并为自己安排了更充足的休憩时间后，即使面对诱发压力的事情，比如儿子故意泼洒她辛辛苦苦准备的食物，她也能更耐心地处理。

2. 灵活思考

学会观察那些转瞬即逝、虚幻而不真实的念头。审视自己是否已经落入了常见的认知误区，例如灾难性思维，它会令你将一些令人不安的事情无端放大到灾难性预测的程度。你可能还会过于草率地下定论或杞人忧天，白白为不太可能发生的极端情况操心。比如，朋友忘了你的生日（先导事件），相较于得出极端的自我否定（没有人靠得住），更合理的解释（她比较健忘）能带来更平和的情绪反应。

当你逐渐以更觉知的状态观察自己的思维习惯时，就更容易察觉到哪些习惯是无益的。只需简单地为它们贴上标签——"这种想法对我没有帮助"——就能在你被情绪淹没时，有效降低内心的激烈波动。你还可以尝试以抽离的视角看待消极想法（例如："我做什么都失败，何必白费力气？"），就像阅读广告牌上的标语一样，这种心理距离能削弱它们对你的控制。此外，你还可以利用事实核查法，有条不紊地问自己："这个想法是否正确？是否存在其他可能的解释？我的想法是否被强烈的情绪所左右？"

我们已在前文阐释了如何重新评估压力和身体反应，使其从负面影响转化为激励力量，认知重评或重新思考事件的意义，同样也能改变我们的情绪体验。例如，对方在与你会面时打了个哈欠，你可以将其视为暗示你太乏味的信号，或是更体贴地想到对方可能只是累了。斯坦福大学教授、情绪调节领域的权威专家詹姆斯·格罗斯博士经过几十年的研究后得出以下结论：更灵活、更适应性地思考对于调节情绪至关重要。我们常在追求宁静之时误入悲观之境，如果我们一味坚信最坏的情形，便会陷入痛苦情绪，难以自拔。大脑研究揭示，与抑制情感相比，通过认知重评自动思维[1]，能显著降低情绪中枢——杏仁核的活跃度。尽管认知重评需要意志坚定并付出不懈努力，但是它一定会带来非凡的回报。

回顾自身经历，你或许会发现自己与梅兰妮无异，常常也会毫无防备地崩溃。在梅兰妮因为需要彻夜不眠地照顾生病的儿子，无暇灵活思考时，我提醒她，她习惯于往坏处想，需要时间才能转变思维，实现更积极的思考。最终她意识到"人生对我不公"等极端消极的想法，既非人生的真实写照，也不是无法逃避的宿命。

然而，积极思考并不意味着情绪的消失。当然，当你能以更健康的心态看问题时，这些情绪便不再那么令人沮丧了。露西是我的另一个客户，她跟梅兰妮一样正在学习情绪管理技能，她向我坦言，

1 自动思维，指那些在特定情境下迅速、无意识地出现在脑海中的想法或思维模式。——译者注

在一次次令人失望的约会后，她常常产生这种绝望的想法：此生恐怕难觅知音！与一个话不投机的人煎熬地共处一个小时后，她的心中难免会涌起悲伤、愤怒或焦虑。我提醒露西，一次糟糕的约会已经够令人沮丧了，若再沉溺于孤独终老的想象，无疑只会雪上加霜，令痛苦越发深重。我的另一个客户埃德加曾向我倾诉他的忧虑：“我永远都买不起房子。”这个念头无疑令他感到绝望。事实上，他的职业生涯才刚刚起步，而且他已经攒下了不少钱，完全没必要如此悲观。

在你审视脑海中频繁出现并可能导致情绪困扰的想法时，哪些想法会浮现在你的心头？试试用远观或事实核查的方法反思这些念头。

3. 接纳身体感觉

接下来，让我们集中精力处理和改善我们在特定情况下体验到的身体变化及其引发的消极思维。梅兰妮注意到，她在生气时会绷紧肌肉，心跳会加速，这些生理反应又为一连串愤怒的念头埋下了伏笔。其他人也发现，身体的感觉（如咬紧牙关）总是消极思维涌现的先兆。

我向梅兰妮传授了觉察和释放身体紧张感的技巧。接着，我要求她回家后观看几段可能触发紧张情绪的政治节目片段，并练习保持觉察当下的技巧，接纳她可能感受到的所有不适。她惊讶地问我：“我明明告诉过你，我很难控制怒火，你却要我去看肯定会激怒我的东西，这是为什么？”我解释道：“我们虽然无法总是让情绪好转，但可以学会更好地感受而不做出反应。通过有意识地练习接受生理感觉，保持正念觉察，你将获得解脱。你会发现，身体高度紧张的状态并不会持续太久。”

宾夕法尼亚大学认知疗法中心主任、精神病学教授科里·纽曼博士说：“如果你能保持耐心，提醒自己生理上的过度焦虑会很快消退，就能在情绪稳定后做出更佳决策。最终，你会产生不同的感受，因为从生理上讲，你不可能一直处于极度兴奋的状态。”

4. 反其道而行

ARC 模型“反应”阶段的最后一个部分是我们的行为。我们可以逆情绪而行，采取与情绪驱动相反的举动来改变行为。尽管情绪驱动的行为，如怒不可遏时的大声斥责、焦虑不安时的取消计划、悲伤时的蜷缩在床，似乎都是自然和畅快的宣泄方式，但这些行为也会放大我们的情绪。为何会这样？因为我们的思想和身体感受会引导我们采取特定行动，而这些行动往往会强化原有的情绪。

“反其道而行”是一种行为改善策略，能助你摆脱负面情绪引发的破坏性行为。如果你想要转变情绪、逆情绪而行并最终改善感受，你首先需要做的是识别和标记你的情绪，观察它如何驱使你采取特定的行动。接下来，思考顺应情绪行事是否对你的长远有益，若无益，就请你逆情绪而行。在实践逆向行动时，密切观察你的思绪同样重要，尝试那些令你畏惧的新事物，如培养新的兴趣爱好。如果你在试图改善行为时，内心依然涌现“我真无能”等负面自我评价，就很难提振情绪、释放压力。

我个人对这个技巧情有独钟，但要注意不能将它与“伪装”混为一谈，它不要求你假装自己的感觉很棒，而是要求你采取有助于人生目标实现的行动，同时允许自己真实地体验情绪。请记住，你需要全程保持觉察当下的状态，即使你感觉不舒服，因为过分担忧何时能好转或沉浸在消极想法中，都会让你难以充分利用这项技巧。

在某天上午的集体治疗中，梅兰妮表达了自己的焦虑：工作截止日期的临近让她感到紧张，这让她下班后很难全情投入与儿子的互动。运用逆向行动法后，她没有再因焦虑而手机不离手，三心二意地陪孩子玩，而是退后一步，意识到事实上自己本不必如此焦虑。在工作时间之外，她并不需要立即回复信息。强迫自己即时响应工作信息，只会让她感到焦虑不安。于是，梅兰妮决心改变，她设定了15分钟的闹钟，将手机搁置一旁，全身心投入和小儿子的玩耍中，仿佛这就是她此刻世界里唯一重要的事。她惊奇地发现，即使内心尚未完全做好转变的准备，展现出渴望改变的姿态就能带来显著的好转。她还发现，当她开始观察当下的状态，在因工作产生焦虑时一次又一次地逆情绪而行后，她的焦虑得到了显著缓解，亲子时光也更愉快了。请记住，你可能需要反复练习才能真正体验到这种转变给情绪带来的好处。反其道而行的目标，不是让你一时感觉更好，而是长远地改善你的生活。

逆情绪而行，对我来说是恢复心理健康的无上法宝。每当我感觉身心俱疲时，我知道运动能让我神清气爽，就会经常利用这个方法，鼓励自己做些运动来振奋心情。面对挫折，我也会努力运用这一策略——选择以善意为先，假定他人无辜，再用温和的方式沟通。

最近，有人因为我迟到了几分钟而大发雷霆，我没有试图辩解或采取可能让气氛更剑拔弩张的回应方式，而是想到她可能正好赶时间，并觉得被我轻视了。于是，我选择先诚恳地道歉，在确定她感觉获得理解后，虽然我内心迫不及待地想结束这段可能令我不爽的互动，但我还是询问她，如果未来再发生此类情况，她有没有可能不大吼大叫，心平气和地表达不满。所以，逆情绪行动并非一蹴而就之举，而是持之以恒地做能带来长期好处的事情，因此请你也不要贪图宣泄情绪的一时之快。

有趣的是，所有治疗抑郁症和焦虑症的行为疗法，都取决于以不同于自身感觉的方式行事，因为任凭情绪驱使会让人对情绪产生依赖，或者被情绪而不是更高层次的想法驱动自己的生活。值得一提的是，感到抑郁和绝望的人可以采用一个与之相反的行动范例来显著改善症状，这个范例的专业名称是“行为激活”。你也可以利用喜欢的活动和有成就感的机会，创建一个对自己来说重要的日程表。在科罗拉多大学博尔德分校教授、心理学家索娜·迪米吉安博士领导的一项具有里程碑意义的研究中，行为激活疗法取得的改善效果比抗抑郁药物治疗更好，即使对严重抑郁症患者也同样奏效。这是因为，行为与感受的背离可能触发“正向循环”，在这种情况下，你能创造出滋养积极情绪的体验，逐步瓦解消极叙事。归根结底，改变生活方式才是改变心态的终极秘诀。

5. 反思后果

这就引出了 ARC 模型中的“C”——“后果”，跟踪并记录你的不同反应将带来怎样的后果能鼓励你尝试不同的行为。你可以搜集相关信息，分析其中是否存在任何因果关系。根据我个人的人生经验和发生在客户身上的故事，我的猜测是：在情绪驱动下激情行事，固然能逞一时之快，但从长远来看，只会带来挥之不去的不快，加重负面情绪，还可能诱发羞耻感和负罪感。反过来看，选择更灵活地思考或采取逆情绪的行动等应对技巧，一开始或许难以企及，但确实能带来长久的回报。梅兰妮提醒自己"布雷特不会读心术"后，有意识地放松表情并主动要求丈夫帮忙，做到这一切虽需努力，却能给她带来自豪感和放松感。追求即时满足诚然简单，但铭记后果能帮助我们改变行为。

经验是人生的最佳导师，你可以利用下表来帮助改进自己的 ARC 模型并反思其效果：

先导	反应			后果 （短期和长期）
	想法	身体感觉	行为	
我该如何做好准备？	思考这个情况的更有用方法是什么？	我的身体有何反应？我要怎样才能提升接受度？	我可以采取哪些逆情绪的行动？	我从中学到了什么经验教训？

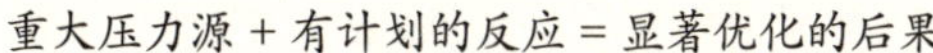

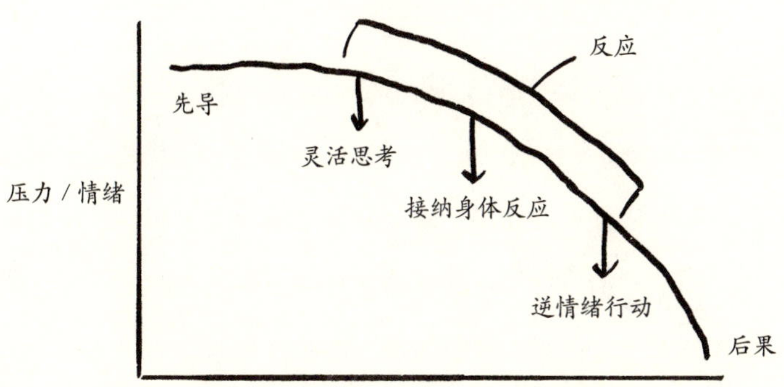

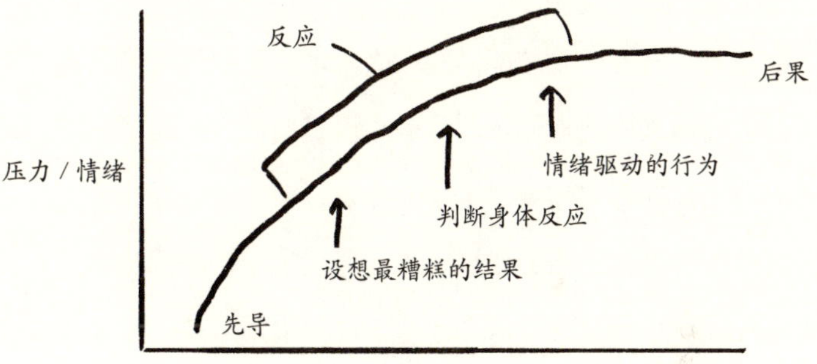

◇ 随时随地练习

在梅兰妮已经精疲力竭，却还要处理烦琐的税务问题的时候，她先试着留意自身想法，发现自己存在“我无法处理这件事”的消极情绪，然后在心里对事实进行判断，比如“我可以继续努力 30 分钟”。通过灵活地调整思维，不批判身体的紧张反应，主动着手处理一开始看似不可能完成的任务，梅兰妮迅速克服了最初的焦虑情绪，更快地完成了任务。

以我个人为例，我曾一度非常害怕公开演讲，以至于一想到第二天要录制一段3分钟的电视节目，我前一晚就会焦虑得彻夜难眠。但我深知自己必须以身作则，践行我自己倡导的方法，于是我报名参加了一门公开演讲课程，这显然与我内心渴望永远不再公开演讲（包括在课堂上）的想法背道而驰。之后，我报了一门又一门的演讲课。如今，每次要公开讲话时，我非但不畏惧，反而乐在其中（当然，我依然会感到些许焦虑和兴奋，但它们现在能激励我竭尽所能地做好准备）。

要想真正掌握一个技能，并在高压环境下游刃有余，我们需要在多样化的场景中定期锤炼。我曾意识到自己在公开演讲方面的技能并未达到预期并主动寻求了专业建议，毕竟访谈并非我的日常活动。一位演讲老师给出的建议是，我应该丰富语调的变化，而不仅是习惯性地使用冥想老师那种平静无波的讲话方式，于是我决定无论是与朋友、陌生人或我的孩子对话，我每天至少要在一次治疗交谈和一次日常对话中尝试不同的语调。这种日复一日的练习，终于让我能在重要演讲场合中更自然地调整语调。

哥伦比亚大学访问学者阿米莉亚·奥尔道博士曾发表过数十篇关于情绪调节的论文，她认为我们需要在各种情绪波动的情况下尝试不同的策略，以培养管理情绪的持久能力。她表示："掌握多种情绪管理工具，可以让我们变得更加自信和心态稳定。如果我只掌握了一两种情绪调节技能，必须确保它们恰好适用于当下情境。但如果我拥有多种技能（而且我非常愿意通过试错去掌握它们），那么即使面对艰巨的挑战，我相信自己也能应对自如！”

内华达大学里诺分校的内华达基金会教授史蒂文·C.海斯博士是接纳与承诺疗法的创始人，他与50多名心理学家组成的团队携手研究了数百篇心理治疗论文，旨在找出让人们生活得更幸福的基本要素。他们最终把研究重点放在了心理灵活性上，海斯博士认为心理灵活性是“确保心理健康的最重要的技能”，并将其定义为：觉察（意识）；开放性（允许自己体验和处理困难的想法和感受）；价值导向的参与，识别对自己重要的价值观，并朝着实现这些价值观的方向采取行动。

我们都知道灵活的身体能让我们行动自如，还能降低受伤风险，心理灵活性亦是如此。我希望通过洞察情绪背后的信息，练习观察与提升你的ARC模式等方法，能帮助你重塑自己与情绪和压力的关系，让它们从拦路石转化为激励你前进的力量。

第 3 节

重新审视思虑过度

我的一位客户麦克斯曾无意间听到大学室友形容他是个“没有放松因子”的人，这是 Z 世代用来形容一个人总是紧绷而无法放松的常用语。他坦言，虽然这个评价令他有点不爽，却也属实。除了因为被贴上这样的标签而感到羞愧外，麦克斯还告诉我，他确实很难放松地享受闲暇时光，比如在周日下午闲逛或无所事事，因为他的思绪总是不自觉地陷入令他倍感压力的思考中。他一直在考虑接受心理治疗，因为他的健康福利包含十次免费咨询。最终，大学室友的评价成了行动催化剂，促使他联系了我。我非常高兴他能主动寻求帮助，因为思虑过度不仅是个耗费心神的坏习惯，还很容易引发抑郁症。

在第一次治疗会面时，麦克斯就向我坦言，一旦有重要的事情等着他去完成（比如考试复习或写论文），甚至是一些悬而未决的重要问题（比如与朋友的持续争执或需要做出的决定）， 它们就会一直萦绕在他心头，挥之不去。哪怕是看电视或睡觉时，这些念头也一直不消停。他沮丧地表示：“我一直以来都是这样，总会迷失在自己的思绪里，纠结那些无从解答的问题，比如生命的意义是什么？为何灾祸会降临到好人头上？”当我问他是否采取过任何措施来帮助自己专注当下时，他分享了他在高中健康课上学到的一个引导式正念练习，并绝望地表示：“这本应易如反掌，但我却无能为力。”

麦克斯向我介绍了他的家庭背景，他的父母非常慈爱和细心，他的弟弟乔伊被诊断出患有孤独症，说话很困难。谈及人生目标，麦克斯透露自己的父母是移民，他们几乎倾其所有地投资他的未来并给乔伊治病。麦克斯告诉我，他的梦想就是赚到足够多的钱，让父母可以安享晚年，同时负担起乔伊的治疗费，我被这个无私的梦想深深打动了。自中学时代起，麦克斯便时常自问是否尽了最大努力，并对未来职业的选择深感焦虑，唯恐找不到高薪的工作，或工作强度令他吃不消。这些担忧都情有可原，但麦克斯的思维太过消极，重复次数过多，早已超出了积极规划的程度。从临床心理学角度来看，他表现出了心理学家所谓的“反刍”——对担忧或感受的反复思考（你可以这样理解：反刍就像是无益的反复咀嚼，看似费了很大工夫，却没有真正消化或吸收）。

人类拥有可以重温和预演压力场景的独特天赋，但这也容易让我们陷入慢性压力的困境。反刍的不利影响不仅体现在个人身上，还会波及我们身边的人。想象一下，你晚回家几小时，忠心耿耿的爱犬依旧会亲昵地舔你的脸表示欢迎，而你那体贴的伴侣却可能心存疑虑，不依不饶。他人不经意间的一挑眉（可能只是因为眼睛进沙子了）就可能让你陷入无谓的深思，无中生有地制造尴尬冲突。人脑这种制造并响应无数虚假警报的倾向，实在令人烦恼。

我先试图安抚麦克斯，深陷情绪无法自拔乃是人之常情，尤其是当那些对我们而言很重要的事悬而未决时，就更容易让我们思虑过度，这很容易成为一种难改的习惯。正因如此，你需要了解自己为何以及何时会陷入反刍，它对你产生了哪些影响，并尝试多种办法解决这个问题，以更轻松地专注于当下。

◇ 为何我们总会不自觉地“想太多”？

有时候，思虑过度似乎是一种负责任的做法。人们往往想当然地认为，时刻惦记那些不能立刻解决的问题，就能不断地深化理解、自我激励、积极筹划解决方案，还能避免犯错。我们坚信，只要保持忧心忡忡的状态，问题便能迎刃而解，仿佛令我们焦虑的种种缘由会神奇地自我化解。然而，真相往往很残酷，对任何事物的过度沉迷，并不能神奇地影响未来的走向，反而会令我们陷入思维的泥潭。

颇为讽刺的是，要摆脱这种错误的思维模式，你首先要反思对自身思维的看法，即所谓的“元认知”。在你反思之后，你就会发现自己对思虑过度可能有着多种不同的看法，比如“思虑过度令我情绪起伏不定，我控制不了”或“假如我能洞悉思虑过度的根源，便能阻止它继续困扰我”。此外，分析思虑过度的利与弊也是一种有效的反思方法。我希望你能抽出一两分钟时间，写下思虑过度的弊端（如“令我压力过大”）和好处（如“或许我会发现之前的疏漏”）。将这些反思写下来，能让你更深刻地认识到思虑过度的后果，并激励你更好地活在当下。

当我请麦克斯尝试这个练习时，他写下了一堆杂乱无章的想法，他觉得思虑过度令自己倍感压力、烦躁不安，并毫无疑问地偷走了他的快乐。但他也幻想这能帮助他朝着既定目标努力，避免半途而废。为了验证反思的有效性，我们还开展了持续一周的行为实验。我们共同商定了一个详细的日程，合理地规划了用于工作和娱乐的时间，以确保他在不需要为既定目标或任务努力的时间里，可以不纠结于相关想法。不出所料，麦克斯给我的反馈是，专注于眼前的任务，而非沉迷于长期计划，显著地提升了他的工作效率。通过清晰地权衡思虑过度的利弊，系统地检验自身的元认知（即思虑过度能激励他持续朝着目标前进），以及制订解决问题的方案，包括去图书馆工作和避开吵闹的室友，都让麦克斯意识到他不需要过度思考来激励自己。反刍只会加剧焦虑，进而导致拖延，形成长期持续的恶性循环。突如其来的压力或许能激发我们的斗志（比如迫在眉睫的截止日期），但长期持续的压力只会令人精疲力竭。沉溺于担忧实际上会导致我们无法实事求是地思考和采取积极的下一步行动。

思虑过度还可能破坏你的人际关系，让你变得形单影只，毕竟哪怕是心地最善良的朋友，在听你长时间喋喋不休地宣泄忧虑后，也难免会感到沮丧。在友情中，思虑过度可能还会导致共同反刍问题，即与他人反复讨论令人不快的话题，最终导致彼此无法再相互扶持。而且，相较于自己在心里反复咀嚼消极的念头，无休止地向他人倾诉带来的情感宣泄的效果，并不会变得更好。罗马大学副教授克里斯蒂娜·奥塔维亚尼博士牵头的一项研究发现，人们在深入讨论令人不快事件的细节时，会产生强烈的心血管反应，这与自己反刍这些事件时的身体反应一样。

因此，思虑过度往往成为焦虑、抑郁、失眠、暴饮暴食、药物滥用、人际关系问题等心理问题的核心根源，也就合乎情理了。正如我们即将在下文探讨的那样，思虑过度也常常引发一些不良生理症状，而我们往往错误地将罪名扣到压力头上。

我自己也曾掉进反刍的陷阱，即便我已经全力以赴地学习与准备，我还是浪费了无数时间，担心自己是否能通过心理学研究生考试，并在心理学领域成就一番事业。在爱情的战场上，我也曾一度沉迷于过度解读与我约会的男生们发出的暧昧不明的信号，即便他们压根儿没打算正经地谈场恋爱，这个坏习惯也长期导致我在恋爱关系中患得患失，或是不敢主动示爱。直到后来我读了苏珊・诺伦－霍克西玛博士撰写的关于反刍的学术论文，她在2013年去世之前一直在耶鲁大学教授心理学。诺伦－霍克西玛博士并未将人们的反刍挣扎归咎于化学失衡或时运不济，而是明确地指出，我们的思维习惯可能是导致我们陷入反刍的罪魁祸首。研读她的这篇论文令我醍醐灌顶，原来我是一个沉溺于反刍的人，而反刍对我没有任何好处。

了解到这些痛苦的经历原来就是反刍，并意识到反刍的危害，令我终于拨云见日，清醒过来，意识到我可以有更好的选择。与麦克斯一样，我曾错误地将忧虑等同于尽心竭力。此外，致使我沉溺于反刍的另一个重要原因（也是许多客户难以摆脱反刍的原因），是我把过度思考错误地等同于自我确认，即让个人内心的体验合理化的迫切渴望。我们都渴望自己的感受能得到他人的认同——这也是倾听的价值所在。许多客户正与慢性疼痛、悲伤、创伤或不公带来的隐形创伤抗争，他们告诉我，当别人不在乎他们遭受的苦难时，要摆脱反刍就变得更加困难。然而，他们最终会意识到，反刍只会导致痛苦的延续，而我们都有机会找到赋予自己更多能量的积极方法来应对痛苦。

◇ 思虑过度将令你身心俱疲

在人生的沉重需要和巨大压力之下，我们如何确定思虑过度才是背后的罪魁祸首？麦克斯就产生了这样的困惑，他想知道自己习惯性忧虑过度的问题，是否反映了生活现实？毕竟他的独特人生经历和沉重的责任感，已经令生活变得很艰辛了。为了解答这个疑惑，我与麦克斯分享了诺伦－霍克西玛博士的一项研究结果。她评估了经历过 1989 年洛马·普列塔地震（里氏 6.9 级）的学生的幸福感，并发现那些容易沉溺于反刍和思虑过度的学生，更容易出现心理问题，甚至更容易患上创伤后应激障碍。

事实上，固执性认知——这是专门研究压力的人用来描述反刍和担忧的一个心理学术语——会将突发性压力转化为长期压力。加州大学洛杉矶分校教授、压力评估与研究实验室负责人、心理学家乔治·斯拉维奇博士解释说："有些慢性压力源可能不会对你造成终身影响，而某些急性压力源却可能留下终生的烙印。这些压力途径的问题是，它们无法区分真实存在和想象中的压力源，这两种类型的压力源都可能触发我们的应激反应。即便身边没有发生任何会令人产生压力的事件，我们仍可能在心理上重新体验那些急性压力源。”这让我想起了正念名师莎伦·萨尔茨伯格讲述过的一则趣闻。她的一位友人在尼泊尔徒步旅行时，不幸脚上起了水疱。他每走一步都怨声载道，脚还没落地就已经嚷嚷着喊痛。向导提醒他：“一步之痛，你可选一或三。”这意指每迈出一步的痛苦，你可以选择只体验一次，而不是反复咀嚼，体验三次。

水疱的故事就讲到这里，但所有的压力都将直接影响你的身体健康，白日里忧思过重会令我们一直处于“激活”状态，继而影响夜间的睡眠质量，让我们不能通过一夜好眠给自己充电，恢复充沛的脑力和精力。反刍及其伴随而来的压力还会损害心脏健康。在一项研究中，现已退休的宾夕法尼亚州立大学教授、心理学家威廉·杰林要求受试者回想一些令他们感觉愤怒的事情，并让研究人员记录他们回忆时的心血管活动。研究发现，哪怕是回想几十年前发生的事情，也会令受试者的血压飙升。“即便是象征性的威胁，也会给身体带来真切的影响，”杰林博士表示，“当你询问某人‘你经历过的最糟糕的事情是什么？’时，涌现的不仅是对往事的回忆，还会带回那段经历产生的完整体验。回忆者将因此而重温该事件的全部影响，包括身心层面的所有反应。”

这个结论已经得到数十项研究的证实，但反过来看，如果你能设法让自己不再反复重温和体验那些倍感压力的时刻，就能将长期慢性压力转化为转瞬即逝的身心反应。宾夕法尼亚大学资深研究员、心理学家马特·基林斯沃思博士开展了一项研究，该研究被其他研究者频繁引用。研究的参与者需记录自己当下的活动和思绪，并评估自身的幸福感。研究结果显示，在近半数时间里，参与者的心之所想与他们正在做的事情并不相关。然而，当他们能够心无旁骛、专注当下时，不管是在沙滩上静坐还是在邮局排队，就更有可能感到幸福。借此，基林斯沃思博士得出如下结论："人类的思维容易游离，而游离的思绪往往是不幸福的。"

杰林博士认为，即便身处绝望之境，通过增强对当下的觉察，我们也能让内心变得更平和。在期盼情况好转的同时，发现自己可以获得内心的宁静，对我们来说无疑是一种心灵的解脱与释然。莎伦·萨尔茨伯格博士分享了另一则故事，自从听闻后我就很喜欢与他人分享。故事是这样的：萨尔茨伯格博士和著名的冥想专家约瑟夫·戈登茨坦一起到访得克萨斯州期间，有位男士说他心中总是向往着怀俄明州开阔的视野，戈登茨坦先生以充满冥想老师典型风格的方式回应道："你知道吗，你心中就有一个怀俄明州？"这个故事告诉我们，不需要坐而期盼事情如预期般发展，在当下，我们也能获得更多满足感。

我的一位客户卡拉前来寻求帮助，她的母亲已抗癌多年，现在到了临终关怀期。她告诉我，电话铃声成了急性压力源，每次听见电话响起她都会感到心惊肉跳，唯恐听到噩耗。虽然每次去看望深爱的母亲都令她倍感哀伤，卡拉却能在一天中的大部分时间里，通过投身于生活、专注于真心热爱的工作、跑步或与友人相聚，打破自己持续想象母亲病卧临终病床的画面。她有意识地要求自己活在当下，并非为了逃避现实，因为她真切地感受到了现实引发的负面情绪，但允许其他活动为自己注入活力，也令她避免因为面对危机而感到不堪重负、精疲力竭。

◇ 简明策略指南：告别思虑过度

如果你也想减少过度思虑，更多地专注于当下，你可以参考下面这些对麦克斯行之有效的技巧。我自己当然也在践行这些方法，并将它们广泛应用于客户群体。顺便提一下，本书后文介绍的压力重置和释压的诸多方法，同样能够帮助你摆脱反刍思维的困境。

1. 明确目标

要转变你与思虑过度的关系，将目标细分为更易于管理的小任务是一个有用的做法。或许，你可以先尝试摆脱对自己在社交场合言行的过度反思，然后再着手解决那些萦绕心头已久的深层次忧虑，比如“我能否找到一个永远爱我的人？”或“我能否赚到足够的钱，过上梦寐以求的生活？”考虑到解决思虑过度问题的难度很大，你需要制订一个切实可行的计划，循序渐进地减少反刍思维，这样会更容易取得进展。

2. 明确风险因素

我很喜欢用一个被称为“功能性分析”的策略，它也是英国埃克塞特大学心理学教授爱德华·沃特金斯博士在治疗思虑过度时会采用的策略。请你聚焦思维，努力找出可能导致你思虑过度的原因，比如你是否很容易在一天中的特定时段想太多，比如在早上起床后，或是晚上躺在床上辗转反侧睡不着的时候？你是否感知到了某些身体信号，比如皱眉，或者是某些心理信号，比如对外界充耳不闻？

是否存在反复涌现的主题，或是某些容易令你陷入反刍思维的人？记录下所有这些模式后，回想一下那些即使经历了困难事件，你也不太容易陷入过度思考的时刻，例如，当你下班后决定做一些放松的事情，如锻炼或通勤回家时收听有趣的播客，你是否会感到压力减轻？

沃特金斯博士也指出，要解决思虑过度的问题，不存在一个放之四海而皆准的方法，然而了解生活的各方面细节，有助于你找到一个适合自身情况的解决之法。他建议大家开动脑筋，制订一个“如果—那么”的应对计划，例如：如果我陷入了自怨自艾情绪，那么我需要放慢脚步、放松绷紧的肩膀，做一件能让我进入心流状态的事情，比如花 15 分钟读几页小说。

3. 认识到语言的力量，然后超越其影响

要避开思虑过度的另一个方法是反思语言可能造成的痛苦。语言具备在短短几秒内点燃真情实感的神奇力量，想象你站在甜甜圈店里想到“蟑螂”，你的食欲是否会在顷刻间烟消云散？请你练习抽离脑子里的思维，将它们看作纯粹的、不具备影响行为能力的思维。如果这个描述听起来太抽象，请你想象一个人在抛五颜六色的球（球就是你的想法），练习不要执着于某个球，也不要对球本身或玩球的人评头论足。换言之，你需要聚焦于思考的过程，而非思考的具体内容。这项技能需要反复练习，但它最终能让你更轻松地识别出那些司空见惯、缺乏激励的消极想法，并认识到它们不过是惯性的思维模式，不是对未来的预言。

4. 尝试自我疏远

密歇根大学心理学教授伊桑·克罗斯博士指出，在我们感到心烦意乱之际，想太多反而会适得其反，一个重要的原因是，它会令我们深陷眼前的困境，无法自拔。与前面“超越语言影响”策略一样，我们应尝试抽身而退，从更广阔的视角看问题，这就是所谓的“自我疏远”策略。需要提醒的是，它并不适用于需要反思自身错误和道歉的场景，只在你因思虑过度而迷失了自我时最有效。不管你因为什么困难的经历而陷入了反刍思维，在重新审视和观察这些想法时，应以旁观者而非局中人的角度来看待。

另一个有效的策略，是将自我对话中的“我”改为“你”。举个例子，尝试将“我觉得我犯了大错”的说法，换成“你觉得你犯了大错”，这是因为相较于个人困境，我们往往能更容易理性分析他人正在经历的事情。此外，还有我个人最推崇的一个技巧，就是心理时空穿越，即想象你在一周甚至几年后回顾当前的压力，你将有何感受（或许你早忘光了！）。

5. 用“怎么做”取代“为什么”

要化“消极念头”为“积极思考”，最简单的方法就是从追问“为什么”（如“为什么偏偏是我？”）转变为“怎么做”（如“我要怎么做才能取得进展？”），同时不忘理解和宽慰自己。从本质上说，这个策略意味着你将自己的思维模式从徒劳无益的反刍，转变为充满力量的规划。举个例子，在你结束与某人的约会后，可能自觉彼此相谈甚欢，但对方却再也没有联系你，与其纠结为什么，不如专注地想想如何在这种情况下，学会独自享受轻松而闲适的夜晚。请你注意这两种心态的不同之处："为什么"心态只会令你钻牛角尖，而"怎么做"心态则能激发实际行动。

6. 解决在掌控之内的问题

能在我们的大脑中占有一席之地的事情，自然反映了我们在生活中看重和关心什么，然而你越是沉溺于反刍思维或是纠结于因果，就越不太可能采取有益的行动继续向前迈进。正如我经常跟客户开玩笑说，当瘫痪已成既定事实，再去分析为什么会瘫痪，其实没有任何意义。因此，如果你有机会采取行动，解决令自己忧心忡忡的问题，就不要坐而空想，问题不会自行解决，需要你积极想办法找到解决方案（同时接受可能随之而来的不适和不确定性）。如果你很为自己的身体健康担忧，那么记录每日步数和采取降低胆固醇的措施等实际行动，肯定比终日惶惶地为突发疾病担忧要好得多。

7. 落到纸面

如果你需要审视自身的感受或经历，与其胡思乱想，不如尝试表达性写作，这个技巧由得克萨斯大学奥斯汀分校心理学教授詹姆斯・彭内贝克博士首创。丹尼斯・斯隆博士牵头的一项研究请大学生们在回答了有关反刍和抑郁的问卷后尝试进行表达性写作，在研究的第一天，他先是要求第一组学生花 20 分钟时间，写下他们人生遭遇过的压力最大或最痛苦的经历，目标是尽可能详细地表达自己的情感（别担心，我不会要求你这样深挖人生最痛苦的经历）。然后，在下一个环节中，他要求这些学生写出这段经历对生活其他方面的影响。最后，在第三天，他要求这群学生通过描述这段经历与当前生活和未来的关系来结束整个写作过程。同时，对照组的学生则被要求以不带感情色彩的方式，客观记录日常点滴。与对照组相比，第一组学生填写的问卷调查显示，存在反刍倾向的学生在随后五周内报告的抑郁症状显著减少。更令人惊叹的是，即使在六个月后，这三节（每节 20 分钟）的写作课显著改善反刍者抑郁症状的效果仍在持续！

如果你此刻也被此困扰，请尝试连续三四天时间，每天抽出 15 分钟，用纸笔抒写心声。表达性写作能为这些情绪画上一个句号，同时也为你创造一种距离感。

8. 为感受留出空间

出乎意料的是，反刍并不等于体验情绪，对许多人来说，反刍更像是一种心智上的徘徊，而非情感的深入体验。反刍聚焦认知行为疗法（RF-CBT）的创始人沃特金斯博士向我透露，在一次疗法实验中，一个刚经历了艰辛的离婚的女性参与者抱怨说，虽然她的反刍评价问卷得分在实验后骤降了，她却没有明显好转的迹象。这是为什么呢？原来，这是她第一次真正地直面和体验自己的情感。选择直面情绪而非陷入反刍，并不意味着逃避情绪，而是无论涌现什么情绪，你都要学会坦然接纳并与之共处。这个方法的好处在于帮你避免反刍，如果你没有留出时间和空间，让自己去解决和体会真实存在的担忧，反刍很可能会卷土重来。如果你觉得要做到这一点很困难，请记住所有的情绪都是暂时性的，尤其是在它们得不到思虑过度的滋养时，就会如昙花一般，转瞬即逝。

9. 重新为反刍安排时间

你要减轻思虑过度的强迫性，并借此获得更多力量感！请留意你何时陷入胡思乱想或思虑过度的状态，并酌情将其延后处理，比如说，推迟到晚上 7 点再给它 10 分钟！我在本书的第三章详细介绍了这个策略，它由宾夕法尼亚州立大学的名誉教授、心理学家托马斯·博尔科维克在研究焦虑问题几十年时间后提出。这个策略旨在将思虑过度从 24 小时持续不间断的脑中噪声，转变为更自控和更暂时性的状态。这个方法可以令你意识到，在熟悉的担忧思绪再度涌现时，你能够将感觉从“立即关注”切换为“稍后再想”。这个策略还有一个附加好处：决定将反刍思绪延后处理后，你可能会因为忙于日常事务而将其抛诸脑后。即使你依然记得，当你在专门留出的时间有意识地审视这些思绪时，会获得更广阔的视角。

10. 将注意力转移到其他事情上

简单地转移注意力，聚焦于其他事情，就能让你进入忘我的状态，尤其是你决定要做的事情能吸引你全身心投入时。在罗马大学奥塔维亚尼博士牵头的一项研究中，他要求参与者回忆令自己生气且一直感到心烦意乱的事情，并专注于回忆时产生的感受。接下来，他将参与者分成两组，一组在回忆后安静地坐上 10 分钟，另一组则通过“偷听”隔壁开着门的房间里实验者的交谈，以此转移注意力。

研究发现，超过 90% 分心去“偷听”他人对话的人瞬间停止了反刍，而 100% 的未分心者则承认在回忆后陷入了反刍情绪。这个研究得出了如下结论：能令你分神的活动，尤其是引人入胜的事情，能迅速转移你的注意力，避免陷入反刍。

杰林博士主导的另一项类似研究表明，简单的视觉分心，哪怕是看向独显屏幕上色彩鲜艳的卡片和海报，也能有效减少反刍并改善参与者的血压。须知小分心有大益，但也不可过度沉迷于逃避问题，毕竟适度分心的目标在于短暂休憩后，以更健康的心态，回归对重要事务的专注。

通过前述技巧的运用，麦克斯终于成功地摆脱了思虑过度的桎梏，获得了思维解脱带来的自由。他感到如释重负，还意识到自己也可以跟朋友们一起开心地玩耍，充分放松身心。有很多人与麦克斯一样，时常自责，认定自己必须做更多事或解决人生中所有的难题。这时候，学会适时地给心灵放个小假，就变得至关重要。因为诱使我们陷入思虑过度陷阱的新事件总是层出不穷，而想要收获更多快乐、减少压力烦扰，关键在于以积极应对的行动取代恶性循环的过度思考，在过度纠结和真正活在当下之间取得平衡。

第 4 节

无药自丰，生命盎然

我的一位客户卡梅伦曾抱怨说：“我整个人毫无动力，总是感觉疲惫不堪。”卡梅伦从小就被诊断出患有注意力缺陷多动障碍（ADHD），如今已过而立之年的他向我表达了自己“总是感觉无聊至极”的心情。他渴望摆脱这种消沉沮丧的状态，寻找在事业和社交生活中重新振奋起来的方法。他还有一个目标，那就是变得更加自律。他说他厌倦了总是迟到的状态，并期望成为那种清晨按时起床去锻炼的自律强者。他表示：“我知道我永远不可能坚持做到每周七天，天天早上七点起床锻炼，但或许我可以努力一把，做到每周有几天能八点起床锻炼。”

卡梅伦是一名销售员，这份工作也总是令他十分紧张、压力巨大。自从在一次飞行途中恐慌发作后，他便养成了随身携带小剂量的克洛诺平的习惯。卡梅伦发现，只要他想到药瓶在包里，就感觉安心和放松，尤其是一想到要在准备欠佳的情况下参加会议，或是开始感觉心跳加速的时候，这总能令他迅速放松下来。在描述这种药物如何帮助他化解压力时，他告诉我：“克洛诺平令我感觉身轻如燕，仿佛躺在一张吊床上那么舒适放松。”给卡梅伦开这种旨在帮助他抵御恐慌症的药物时，精神病科医生反复叮嘱他每周“仅可服用几次”，但卡梅伦沉迷于它带来的舒爽感，很快自作主张地把用药量增加到每天服用。卡梅伦坦白，因为工作太糟心，加上苯二氮䓬类药物的效果因时间推移而减退，他每天都只想着赶紧下班回家，沉浸在放松身心的消遣活动中，比如手捧一大盒冰激凌连续看几个小时的喜剧等。虽然他觉得自己已经找到了足够体面的自我治疗和管理方法，但他依然感觉不满足。后来，他的男朋友（也是一位正在接受培训的治疗师）告诉他，他成瘾的症状加重了，记忆力和注意力似乎也比之前更差了，他需要寻求专业人士的帮助。

我接触过的很多人，无论是客户还是朋友，在通过烟酒或服用如克洛诺平、赞安诺等处方苯二氮䓬类药物来获得身心平静时，通常不会严肃地思考这样做的后果，因为它们总是能起到短期的安抚效果。这时候，如果有人建议你停止使用这些看似有效的成瘾物质，尤其是在你尝试过其他方法都无效的情况下，你可能会感到极度愤怒，我能理解你的这种反应和心情。卡梅伦与我的许多客户一样，当我询问他是否意识到大麻等成瘾物质的使用可能对他不利时，他的情绪变得很激动，甩给我好几个能证明大麻有助于缓解多动症的理论。在接受我的治疗时，他也对吸食大麻的不良后果避而不谈，只想专注于提升工作效率、组织能力和耐心的方法。然而，以真诚、热情和不带偏见的态度与客户交谈是我的职责所在，所以我告诉卡梅伦，我很荣幸能帮助他追求必将令他引以为豪的更健康的生活方式，但根据我丰富的从业经验，他服用的所有这些成瘾药物和物质，只会妨碍这个人生目标的实现。如果我不能帮助他集中精力、激发动力，我也不想浪费他宝贵的时间。一番交谈后，我们最终达成共识：他将主动尝试一些改善表现的技巧并坚持数周，如果效果不好，我们将深入探讨成瘾物质对他的生活产生了什么影响；当然，他也可以寻找另一位更自信能在他继续使用药物的情况下帮助他进步的治疗师。一旦我给卡梅伦提供了这些选择，他立刻变得兴致勃勃，想要了解更多关于我“不推崇苯二氮䓬类药物”以及（如他所说）“反对大麻”的原因。

首先，我要承认我在某些情况下，也会鼓励一些特殊的客户服用精神类药物，特别是在他们存在双相情感障碍等问题的情况下，处方药可能极为有益。在心理治疗的初期，药物治疗有时也能发挥重要作用，尤其是当客户的问题已经严重到令他们丧失了接受治疗的能力时。在这些情况下，药物治疗可以帮助心理治疗的顺利开展。一些研究已经表明，药物治疗和心理治疗的双管齐下，是最理想的治疗方法；其他研究则发现，心理治疗或药物治疗在分开使用时，各自都能带来显著效果；还有研究表明，不依赖药物治疗的心理治疗同样能带来持久的益处。究竟哪种方法更为适合，这取决于你个人的处境和经历，因此我总是尊重客户及其治疗方案提供者共同制订的治疗方案。然而，我还想补充一点，强化你的情绪应对技巧，通常可以帮助减少你对药物的依赖，并防止你重新陷入那些对心理健康有害的不良习惯。

我将抗焦虑药物，尤其是苯二氮䓬类药物，归为一类特殊的药物。苯二氮䓬类药物作用于一种名为 γ－氨基丁酸（GABA）的神经递质，其作用几乎类似于汽车的刹车系统，主要用于抑制神经元活动。当苯二氮䓬类药物与 γ－氨基丁酸受体结合时，后者的制动能力得到增强，能更好地压制中枢神经系统活动，借此实现镇静效果。一个人开始服用苯二氮䓬类药物后，他的大脑就会减少自然产生的 γ－氨基丁酸。如果服药者随后尝试减少药物摄入剂量，最终就会产生焦虑加剧和戒断症状，因为其 γ－氨基丁酸系统因药物减量而陷入了紊乱失衡。我见过许多客户因过度依赖苯二氮䓬类药物而不得不进行戒断，而戒断过程会引起出汗、烦躁和恶心等症状，其糟糕程度远甚客户最初服药时想解决的焦虑感。

苯二氮䓬类药物诞生的历史同样令人不安。我对这一话题的深入了解，源于与罗伯特·惠特克的对话。他是一位记者，曾任哈佛医学院出版部门主任，在偶然发现了一些令人担忧的精神药物研究成果后，他发现自己步入了所谓的精神科“雷区”。自此，在我的心目中，他就成为精神药物研究领域传奇人物，为无数依赖抗焦虑药物的人提供咨询。目前，他还运营着一份专注于科学、精神病学和社会正义的网络杂志——《疯狂美国》（*Mad in America*）。如果你也像惠特克先生一样，好奇这种极易成瘾的化合物是如何成为美国约三千万成年人的药盒必备物，他给出的解释是，这一切都始于一家制药公司在研发治疗革兰氏阳性菌的药物时的意外发现。

这家制药公司注意到，在给马上要被电击的实验室小鼠用药后，这些小鼠表现得很顺从。即使服用低剂量的药物，实验鼠在接近可能发出电击的装置时仍能保持镇静。20 世纪 60 年代，精神科医生兼药品营销专家亚瑟·萨克勒——你可能因当前的阿片类药物危机而听说过这个人——开始给这种药物的一种版本打上“家庭主妇的小帮手”的标签，大肆进行广告宣传，主要面向那些因日复一日的家庭生活而感到筋疲力尽的家庭主妇，声称该药能使她们“生活无忧”。然而，真正的问题是不存在能够治愈一个令人不满的生活的药物——无论是当时的安定，还是现在市面上琳琅满目的各类苯二氮䓬类药物。然而不幸的是，正如惠特克先生所警告的那样，有些人已经因为过度依赖苯二氮䓬类药物而丧失了正常生活的能力，我已经在几位客户身上亲眼见过类似的不幸遭遇。

另一个需要重视的问题是：在应对焦虑时，直面而非逃避非理性的恐惧，或避免使用药物压制，对于重获自由至关重要。请记住，经历不适的情绪和感觉是正常的现象，为了逃避这种不适，人们喜欢服用镇静剂，然而我们真正需要学会的是坦然接纳它们。

我向卡梅伦阐述了这些观点，并询问他服用这类会抑制活力的药物，是否也在某种程度上助燃了他的“无聊感”。他反问我：“如果不带药的话，我在飞机上恐慌发作时该怎么办呢？”我告诉他，克洛诺平确实能短期抑制焦虑，但继续在飞机遭遇颠簸等容易触发紧张情绪的情况下，习惯性依赖药物来保持“镇静”，只会令他药物成瘾，而不是学会控制焦虑，这并不是一种能够增强自身应对能力的心态。

当我询问哈佛医学院的成瘾精神病学家兼讲师托拉·特萨鲁米博士，苯二氮䓬类药物是否在某些情况下确实能起到有益作用时，她告诉我，她只会给因急性精神问题住院的患者开具少量这类药物，并确保在他们出院前逐渐减少用量，常规使用这些药物来应对日常压力，可能导致成瘾和其他潜在风险。正如特萨鲁米博士解释的那样，开始服用苯二氮䓬类药物时，它们可能在最初的6~8个月内有效，但你随后可能发现药效逐渐减弱。“于是人们会倾向于加大剂量，然后持续加量，最后你会意识到，你已经离不开它了。”基于这个原因，特萨鲁米博士很少给门诊患者开这类药物。

成瘾精神病学家、研究科学家、哥伦比亚大学的物质成瘾科的助理教授亚瑟·罗宾·威廉姆斯的看法是：“任何能迅速改变个体感受的物质，都存在被滥用的潜在风险。”尽管一种能在几分钟内减轻焦虑或孤独感的物质听起来非常诱人，但对威廉姆斯博士而言，症状缓解的即时性，本身就是一个显著的成瘾风险警示。他表示：“我们应该避免习惯性地使用这类药物，因为这并非长久之计，随着时间推移，这种依赖药物的习惯，可能会导致最快的耐受性增长和最严重的戒断反应。”

威廉姆斯博士向我指出，许多人认为自己之所以使用成瘾物质——无论是苯二氮䓬类药物还是其他任何诱惑性的东西——纯粹是因为个人的喜爱，他们认为这是一种积极的强化行为，因为这满足了他们的某种渴望。然而实际上，这些物质只会是消极强化的，或者说抑制了不愉快的感受，无论是压力、恐慌，还是试图停药时出现的戒断症状。这导致了一种逃避负面情绪的恶性循环，且不能让你掌握提升生活质量的有效技能。

这些药物可能导致的另一个严重问题是，人们已经习得了将过度依赖服药作为一种应对手段。换言之，像卡梅伦那样条件反射地利用苯二氮䓬类药物来应对日常工作中的焦虑或飞行恐惧，意味着他其实并未尝试过其他应对方法。这也意味着，如果他想要戒除克洛诺平，在戒断初期，他可能因为身体的重新调整和适应，遭遇更激烈的压力反应，而同样糟糕的是，这可能会让他错误地认为所有其他类型的方法都毫无效果。

尝试药物戒除当然会带来巨大好处。尽管一开始会很难熬，但我的客户最终发现他们的焦虑和抑郁症状在药物戒断后都有所减轻，因为定期服用苯二氮䓬类药物实际上反而可能加剧这两种负面情绪的症状。过量使用苯二氮䓬类药物还可能导致攻击性行为增多和判断力下降，长期来看还会增加患痴呆症的风险。正如惠特克先生所描述的那样，苯二氮䓬类药物的长期使用，可能导致“医源性脑损伤”，即用于治疗疾病的医疗方案反而引发了医疗问题的现象（这是我在研究精神药理学时学到的印象最深刻的一个术语）。

如果你能更灵活地应对生活的诸多难题，保持警惕并全情投入与这个丰富多彩的世界互动，岂不是更好吗？卡梅伦在深刻认识到日常服用克洛诺平可能带来的真实风险后，便开始努力学习与自己的情绪共处，并将它们转化为动力之源。我们共同探讨了适度焦虑如何能帮助他高效完成各项事务，尤其在他学会不再批判自身的压力后。他还与专业医生合作，逐渐减少了成瘾药物的用量，这也是很多人在试图戒除苯二氮䓬类药物时的常规做法。

然而卡梅伦不太愿意戒掉大麻，他辩解说：“这是一种天然植物，而且已经合法了！”诚然，在一个销售大麻的精品药房林立的时代，要转变将大麻视为无害的娱乐性或药用物质的观点，或许尤为困难。

尽管确实存在相关研究表明大麻能缓解一些疾病症状，包括慢性疼痛、癫痫发作、与多发性硬化症有关的肌肉痉挛，以及癌症患者的食欲不振等。然而，没有证据表明大麻是一种治疗焦虑症的有效手段。正如威廉姆斯博士指出的那样："许多患有焦虑症、抑郁症、失眠症和创伤后应激障碍的人都反馈说，使用大麻可以短期缓解症状。"但他也重点指出："如果你观察那些长期使用苯二氮䓬类药物、酒精和大麻的人，在数年后再评估他们的情况，会发现他们的问题不仅没有好转，反而恶化了，他们的焦虑和抑郁症状变得更严重。此外，与不经常使用这些成瘾物质的人相比，他们的成瘾问题更可能恶化到要服用阿片类药物。"

尽管吸食大麻确实可能令人放松、减少焦虑，甚至带来兴奋感，并借此在一定程度上冲淡焦虑和压力，但特萨鲁米博士也警告称，长期吸食大麻可能导致认知能力下降、动机减弱、记忆丧失，以及在极少数情况下诱发精神疾病。她描述了自己在一些吸食大麻的患者身上观察到的缺乏动机综合征："我见过因（吸食大麻）而不愿起床、不愿上学、不愿上班的人。"她的话让我想起科罗拉多大学科罗拉多斯普林斯分校心理学副教授安德鲁·拉克博士主导的一项研究，这项调查了五百多名大学生的研究发现，吸食大麻的学生较少采取主动行为，并更容易怀疑自身实现目标的能力。

关于大麻的另一个严峻问题是，即便通过药房和医用大麻渠道购买，买家们也很难确定拿到手产品的成分及可能产生的反应。威廉姆斯博士打了个比方："眼下美国的大麻市场，宛如混乱无序的狂野西部。"大麻产品标签上可能写着四氢大麻酚（THC）含量为

10毫克，但其实际含量可能接近于0或高达100毫克。他特别指出："食用大麻产品的四氢大麻酚含量标注尤为混乱失真。"威廉姆斯博士担心，即使有人每天只吸食极少量大麻，因剂量混乱不均，他们常规摄入的大麻素剂量，也可能远超他们自我认知的剂量。

或许你在读到这段内容时不以为然——确实，有些人可以做到偶尔吸食大麻，并从未因此引发严重健康问题，就像有些人可以偶尔饮酒而身体无大碍一样。然而，威廉姆斯博士指出，过度期待下一次吸食大麻的时间，以及在一天中更早时段吸食，或更频繁地吸食，都可能是诱发大麻使用障碍的风险因素。超过三成的大麻使用者（这个数字在过去十年里翻了一番）达到了相关诊断标准，包括吸食量超过本意，感受到强烈的吸食渴望，放弃与朋友外出等社交活动以留在家中吸食大麻，以及需要更大剂量才能获得快感，等等。

如果你想减少或戒掉大麻或苯二氮䓬类药物的使用，寻求其他更持久有效的方法来应对压力，可以尝试寻求专业治疗人士的帮助。人们普遍存在的一个误解是，有效治疗药物成瘾的方法并不存在，能否成功戒除全凭个人的意志力和选择。然而，尽早寻求专业人士的帮助，实际上是减少或停止使用此类药物的最佳方法。威廉姆斯博士补充说："等到退无可退时再寻求帮助，只能是电影里的情节。"他建议吸食者尽早与专门研究成瘾问题的医生会面，以求尽早逐渐减少药物的使用。专科医生还可以评估吸食者是否需要用药来减轻戒断症状。同样关键的是，吸食者要主动寻求心理治疗，专注于行为策略的学习，以改善应对能力，同时致力于构建一个能提供支持的人际关系网络。

我不会刻意粉饰太平：卡梅伦在戒除苯二氮䓬类药物和大麻时历经艰难，但他成功做到了。他用了四个月的时间循序渐进地戒除了这两种物质，从克洛诺平开始，一次戒掉一种成瘾药物。在与我合作的同时，卡梅伦还咨询了精神科医生，并加入了匿名戒大麻协会。戒断过程中，他经历了很多难熬的戒断症状，包括焦虑、恶心、易怒和失眠。但随着持续几周和几个月的逐渐减量，他感到自豪并重拾对人生的希望，惊喜地发现记忆力的好转远超他的想象。戒断克洛诺平和大麻大约六周后，他告诉我："我感觉大脑更敏锐了，还发现适度的焦虑实际上能激发我的动力。"这非常贴切地描述了他取得的积极转变。

在成功地解决了苯二氮䓬类药物和大麻的负面影响后，卡梅伦终于能跟我共同着手去解决他最初想要解决的问题了——糟糕的时间管理能力。这个问题不仅严重地影响了他的私人生活，还导致工作压力陡增，还有对人生处处不顺的不满情绪。为解决他在注意力和专注力方面的困难，我们一起规划了他的日程安排，留出了专门用于工作的时间和休息的时间，确保他不会因工作压力过大而感到不堪重负。我们还引入了奖励措施，比如解决一天中最棘手的工作任务后，他可以跟同事一起喝杯冰咖啡稍作休息，这些奖励措施大大增强了他提升工作效率的意愿。除此之外，我们还给他留出了工作之余的时间，让他有机会另觅高枝，寻找自己更喜欢的职业机会。

卡梅伦逐渐意识到，轻松感并非绝对存在或绝对没有的事物，也不是非得超越自我才能触及的东西，而是一种可灵活调节的心态。

卡梅伦发现，正如斯坦福大学教授詹妮弗·阿克和讲师纳奥米·巴格多纳斯建议的那样“以面带微笑的姿态去探索多彩的世界”，就有可能带来长久的快乐。他还发现，生活中一些微小的积极变化，比如在杂货店买苹果时对着店员微笑，或是听到好歌时随着音乐起舞，都能让他一整天保持好心情。我希望你也可以寻找更多传递生活乐趣的方法。

至于如何解决坐飞机出行的恐惧感，卡梅伦和我一致认为，最好是采用一个系统方案全面解决，为此他深入学习了飞机颠簸的力学知识，研究了关于飞行安全的统计数据，并从短途航班开始锻炼胆量。最终，卡梅伦能成功地挑战更长时间的飞行旅程。他兴奋地告诉我："你能相信吗？我竟然能在飞往夏威夷的航班上全程保持清醒？还看完了我一直想看的电影！"如果还是依赖苯二氮䓬类药物，他或许不可能意识到自己可以接纳飞行时产生的正常生理感受，甚至能苦中作乐地享受乘坐飞机出行的旅程。

卡梅伦还努力转变了一些不太积极的思维模式。他曾向我诉苦说某个项目特别"令人头疼"，我问他："你知道抖音（TikTok），但你听说过一个跟它发音一样的词 TIC-TOC 是什么意思吗？"TIC 指的是"任务干扰认知（或思维）"，比如"这任务太繁重了，我做不到或已经为它浪费了太多时间"。我们探讨了如何识别这些消极的想法，并将它们转换为任务导向认知（TOC），例如"我能行，我现在就可以开始做"。这个心理转变由精神病学家大卫·伯恩斯提出，旨在快速打破拖延症，它帮助卡梅伦提高了守时性，促使他更规律地去健身房锻炼（同样地，戒掉抖音，按时上床睡觉也对他大有裨益）。他留意到了“我再做一件事就出门锻炼，或我太累了”等任务干扰思维，并将它们换成了“坚持计划是最自由的选择，我知道完成锻炼会令我感觉更好”等任务导向认知想法。最终，卡梅伦注意到定期锻炼不仅拓展了他对自己的认识，还提升了专注力，这也论证了锻炼能改善多动症患者神经功能的研究结论。同时，增强了自控能力的感觉，也令他的情绪更积极，充满了采取行动的动力，因为当我们发自内心地认定自己不可能朝着既定目标前进时，它会产生显著的“劝退”效果，导致大多数人因此失去行动的意愿和动力。

你能想到自己秉持什么样的任务干扰思维吗？它们可能包括与成瘾药物使用相关的干扰思维，导致你无法前进？又或是一些能督促你进步的任务导向认知？不要罗列一长串问题清单，而要专注于一次解决一个反复涌现的消极想法。一旦某个积极的思维模式得以形成或强化，你就可以继续着手去纠正其他不良思维。每个人的脑子里都充斥着无数想法，要逐一将它们从消极转变为积极，看似枯燥乏味，但通过转变心态，学会调节情绪，消除内心障碍，并持续进行更健康的思考，我们就能逐步优化内在的心理结构，过上更美好的生活。

第 5 节

放眼于大局

加里是一位年过六旬的退休顾问，他向我透露，他的孙女给他起了个“坏脾气爷爷”的绰号。“这外号可能挺适合我的。”他自嘲地说。多年前的一场严重车祸让他不得不长期忍受慢性疼痛折磨，这也直接终结了他在退休后环游世界和打高尔夫的梦想，导致他在公司里几十年如一日的辛勤工作和晋升努力付诸东流。更糟糕的是，他现在深受健康焦虑症的困扰，耳鸣等烦人但无害的症状令他倍感痛苦。他还习惯频繁地测量血压，次数远超医生的建议，还经常约见心脏病专家要求做各种检查。“我只想确定自己没事——我有心脏病家族遗传史。”他向我解释说。他渴望摆脱身体疼痛的困扰和对健康状况的持续担忧，所以前来寻求我的帮助，他表示：“我感觉自己总是在疑神疑鬼地提防可疑症状的出现。”

在我进一步了解他的背景时，加里向我透露，他打小就觉得人生的意义就是赚钱、积累财富、纵情享乐、尽情享受生活提供的一切美好。他解释说：“把握今朝和崇尚资本主义，曾是我们的家传信条。”在承担起养活自己小家庭的重担时，加里告诉我，除了努力工作为妻女提供富足的生活之外，他从未真正思考过对自己来说什么才是最重要的。“回想起那些全家团聚共赏夕阳，围篝火而坐，品尝烤棉花糖的甜蜜时光，我自认是个称职的父亲和丈夫。你甚至可以说，我对这样的生活感到心满意足。”他回忆道。然而，随着孩子们在长大成人后纷纷离家，他和妻子已经过了将近十年的空巢生活，他的慢性身体疼痛以及对此的过度关注，已经给他曾经幸福美满的婚姻造成了严重裂痕，“身体的不适让我心神不宁，以至于我根本不想谈任何其他的话题。我知道妻子已经很厌烦我关于健康喋喋不休的抱怨和消极情绪，我也深知自己有错，对此并无怨言”。

加里不再视自己为理想的父亲和丈夫，退休后的无所事事，以及从养家糊口的顶梁柱和完美的伴侣，变成一个慢性病患者，双重的身份转变彻底颠覆了他的自我认知，也给他带来沉重的压力。如果你遭遇了任何可能挑战你对自身能力的信心的事件，就可能会产生跟加里一样的感受。尽管加里感觉自己陷入了健康危机的边缘，但在他不沉溺于宣泄自身痛苦和焦虑时，我还是能感受到他身上的蓬勃生机与活力。加里丰富的面部表情和引人入胜的叙述让我相信，在这些挣扎的背后，他有着非同常人的幽默感，他绝对不仅仅是孙女口中那个“坏脾气爷爷”。我们只需要引导他去关注对他而言真正重要的事情，不要因不可控的问题而倍感压力，就能有效地帮助他缓解焦虑、释放压力。

压力和日常烦恼往往限制了我们的视野，使我们只能看到眼前的挑战。然而，真正茁壮成长的人生，需要我们拓宽思维，为那些赋予人生意义和目标的事物留出空间和时间。加里过于担忧自身的身体健康，导致他无暇思考自己的希望和梦想。因此，我请他设想，某天早上醒来后，发现所有促使他来找我的健康问题和抱怨都奇迹般地消失了。接着，我请他思考如何回答以下问题（同时也请阅读本书的你一同深思）：

- 你如何知道奇迹发生了？
- 你身边的人会注意到什么？
- 你会做什么？你的想法会发生哪些变化？
- 如果你比较自己在奇迹发生之前和之后拍摄的照片，你会看到哪些不同？

“奇迹式问句”是社会工作者史蒂夫·德·沙泽尔和茵素·金·柏格及其密尔沃基简易家庭治疗中心的团队共同开发出的一种聚焦于解决问题的方法。在花了数千小时观察心理治疗过程后，两人最终选定了这一特定技巧，因为事实证明它最有可能促使客户作出积极改变。奇迹式问句疗法的一个关键假设是，聚焦于解决方案比沉迷复杂问题更容易，也更有力量。

加里先是负隅顽抗了几分钟，嘴里嚷着“我不知道”，还提出了抗议：“我是个非常理性的人，不会想象这种虚幻的奇迹！”但他最终屈服了并迟疑地表示，他肯定会停止频繁地预约医生做检查，也不会再全身心地关注身体疼痛；他会选择对家人表达更多感激之情，花更多时间和心思经营人际关系，尤其是增进与妻子的互动，找到更好的方式来打发时间。我赞赏地点点头，接着追问：“你距离这个‘奇迹发生日’还有多远？你能不能现在就采取一些措施，让你更靠近这个‘奇迹’？”加里坦言，自己距离“奇迹发生日”恐怕还很遥远。“我知道你想让我说出一些具体的目标，”他说道，“但我们不是应该先等到我感觉有能力管理自己，然后再去谈这些美好的理想吗？”

正如我向加里阐释的那样，只是简单地设想期望的生活蓝图，你就能意外地获得情绪的释放。面对重大困扰时，专注于希望似乎违背直觉，甚至看起来徒劳无功，但许多人都能从深入思考“奇迹式问句”中受益，我们可以视之为一种在重压之下提升应对能力的策略。在纽约州立大学石溪分校临床心理学博士生詹娜·宋领导的研究中，门诊为等待治疗名单上的患者提供了一次免费的咨询机会，在咨询过程中，心理咨询师会专注于与患者们探讨“奇迹式问句”。此外，他们还将引导患者设想一个“奇迹日”，并制定有可能推动这一天到来的三个具体行动步骤，同时预测可能的障碍及其解决方案；咨询师还为患者撰写了一封鼓舞人心的信函，表达了对他们前进能力的信心。所有这些措施，显著改善了患者的绝望和焦虑症状。在你思考自己的奇迹日时，心中浮现了哪些想法，存在哪些阻碍你前进的问题，你又该如何开始朝着奇迹日迈进？

我继奇迹式问句之后，进一步询问加里，他希望如何打发时间，以及在遭遇不可避免的障碍时，希望践行哪些美德。我之所以沿着这个思路深入提出这两个问题，是因为除了能够想象奇迹日的模样之外，反思自身的价值观同样至关重要，因为价值观将进一步指引加里走向理想生活。感到人生缺乏意义往往是诱发痛苦的一个主要根源，我提醒加里，即便他正遭受煎熬，也可以做到坚守自己的价值观和生活。坦白地说，我不确定我们的治疗能否显著缓解加里的身体痛楚，但我坚信合作治疗可以扩展他的关注视野，超越沉浸身体之苦的思绪，改善人际关系等其他方面的生活状态，确保生活质量不会因一两个难题而大打折扣。

加里同意他渴望过一种更有盼头的生活，但他怀疑自己没有能力在持续的疼痛和健康忧虑中实现这一目标，尽管如此，他还是决定尝试。我们首先着手区分他的目标和价值观：目标是他希望达成的结果，如缓解疼痛或事业成功；而价值观则更多关乎他在生活中的行为准则。价值观不是待办事项清单上可以勾掉的项目，它们的目标是帮助你创造一个反映你最重视的事物的生活。我发现纽约州立大学奥尔巴尼分校的博士候选人埃里克·蒂夫特的一项研究颇具启发性：他发现人们进行冥想的动机，显著影响了他们从冥想中获得的益处。当冥想者的出发点仅仅是减压，而非变得更专注和更包容时，从中收获的益处就少得多。

尽管加里倍感挣扎，他仍拥有着自己未曾充分认可的坚定价值观。他一直是个好父亲，从过去到现在从未改变，他仍继续在女儿们面临艰难抉择时给予指导。然而，他并不觉得这是什么值得称赞的伟大成就，并淡然地表示：“这是父亲应尽的责任，而且这是在帮助自己的孩子，所以也算是一种自我服务的行为吧。”他难道没有意识到，自己可能错过了庆祝这些伟大成就的机会吗？

在后续的心理咨询中，我向加里抛出了一个问题：“在你七十岁时，你期望别人如何评价你？”这个问题让加里意识到，他不想听到别人讲述他“如何是个坏脾气爷爷”的奇闻逸事，也不希望身边的人出于礼貌而“虚情假意”地赞美。经过几次深入讨论后我们发现，他期望人们将他视为一个令人称道的体贴丈夫、父亲和祖父。我很高兴加里愿意重新聚焦于自身的价值观，无论他是否能找到缓解身体疼痛的方法。接下来的挑战将是帮助他在接受身体不适的同时，继续坚持成为他理想中的人。

不管你正面临何种压力，无论是经济、家庭矛盾、对和谐人际关系的向往，还是慢性疼痛，这个重新聚焦的原则都适用。尽管我们无法控制问题的发生，但可以扩展注意力的焦点，并将其转移到自己的价值观上。几个月前，我出席了朋友艾莉森的葬礼，她在 38 岁时因癌症去世。在众多感人的悼词中，一位朋友回忆了关于她的一段往事：当时他们都还在上高中，他和其他高年级男生肆意嘲弄同班同学和低年级学生，而年纪比他小很多的艾莉森勇敢地站了出来，告诉他们这种行为并不合适。她没有沉溺于社交焦虑或担忧别人的看法，而是坚守自己与人为善的价值观，这让她浑身散发出自信的光芒。这让我不禁汗颜地反思自己曾有多少次为了避免冲突而选择回避风险。在任何时刻，我们都可以选择践行和展示自己的价值观，这不仅能够激励他人，还能塑造我们的人生。

这就是每天（或每周）抽出几分钟时间，跳出待办事项清单和日常烦恼的困扰，从更广阔的角度反思那些赋予你的人生目标感和意义的事物，就能帮助你摆脱压力的困扰的原因。通过拓展和丰富你的“生活派”（本质上是你期望人生包含的各项元素），我相信你更有可能降低生活中不如意之事所占的比重（如果你有兴趣尝试这个策略，请参阅思维重置策略“画一张生活饼图”的内容）。

当然，思考自己的人生目标，并时常重温它们确实需要耗费时间和精力，但这能让你变得更健康也更有韧性。佛罗里达州立大学心理学家吉娜·帕克博士率先进行的研究强调，拥有人生意义感，能帮助我们迅速从压力困境中反弹回来。威斯康星大学麦迪逊分校的科学家斯泰西·谢弗博士领导了一项研究，该研究要求学生们先观看令人不安的照片（如因痛苦而哭泣的婴儿），随后的研究结果显示，那些认为生活有目标的学生，相较于那些对生活中重要事务缺乏清晰认识的学生，能更快地从这些令人不安的图像诱发的不良情绪中恢复过来。

我总是着迷于人们如何应对人生最沉重打击带来的压力，于是急切地想要了解，作为纽约市贝尔维尤医院酷刑幸存者项目的临床心理学家，霍桑·史密斯博士如何为这些客户提供帮助。大部分参与他组织的治疗小组的人都来自世界各地，他们不仅经历过重大创伤，还因为肯定性庇护积压与家人分离多年。史密斯博士告诉我，当这些人能将自己的牺牲视为对社会和子孙后代的贡献时，便能激发出他们内心的希望。他表示：“意识到他们的牺牲和坚持不仅是为了家人，还为了子孙后代的福祉，就能带来显著的积极变化。”史密斯博士还分享说，许多得到过他帮助的幸存者，经常将他教授的技能（如深呼吸和肌肉放松）视为重获力量和熬过艰难时刻的有效方法。当我问及他个人会采取什么方法来应对压力时，史密斯博士表示，除了吹萨克斯放松身心外，寻找生活的意义对他来说至关重要。身为奴隶的后裔，他觉得将自己的工作视为向祖先们的牺牲致敬的行为，让他在面对众生的痛苦时能保持工作的动力。

请你花时间明确自己的价值观，这可以帮助你保持健康的自我感知，避免令人沮丧的个人失望感，并对自己的潜力充满信心。在一项针对来自经济边缘化家庭的非洲裔与拉丁裔美国青少年的研究中，斯坦福大学的 J. 帕克·戈耶博士及其同事们发现，那些完成了关于价值观及其重要性的一系列 15 分钟写作练习的年轻人，不仅提升了学业表现，而且这种提升效果还促进了他们在十年后的成就。该研究的合作者，同样来自斯坦福大学的教授杰弗里·科恩博士从事尖端干预研究已有数十年，他解释说："确认我们最核心的价值观，能够强化我们的内在力量，帮助我们在压力面前保持振奋心态。"换言之，认清自己的价值观可以增强毅力，而这种毅力会带来回报，并开启一个积极的循环。

在我们共同协作的几个星期里，我和加里致力于探讨如何跟踪记录他对自己价值观的承诺。作为一名心理治疗师，我认为持续追踪进展对于维持积极变化至关重要。幸运的是，市面上已经有许多资源可以帮助我们追踪并坚持践行自己的价值观。我个人偏爱的一种练习，由接纳与承诺疗法领域的专家托比亚斯·伦德格伦创造，被称为"核心价值澄清练习"。这个方法能够帮助你在产生困难的想法或感受时，依然专注于自身价值观。我请加里绘制了一个靶心图，并将其划分为四个重要领域：健康、人际关系、工作和休闲娱乐。我们随后讨论了他在每个领域中希望维护的价值观，他当前与这些价值观目标的距离，以及他如何计划向前迈进。令人惊讶的是，加里意识到，在健康方面，他希望从寻求医生的安抚，转变为坦然接受不确定性和不适感；在工作方面，除了收入，他还想要进行更多的志愿工作和进一步学习深造；在人际关系方面，他希望能增加人际互动；至于休闲娱乐方面，他不再遗憾自己做不到的事情，而是想要进行更加大胆尝试，比如开始前往距离不太远的城市旅行。

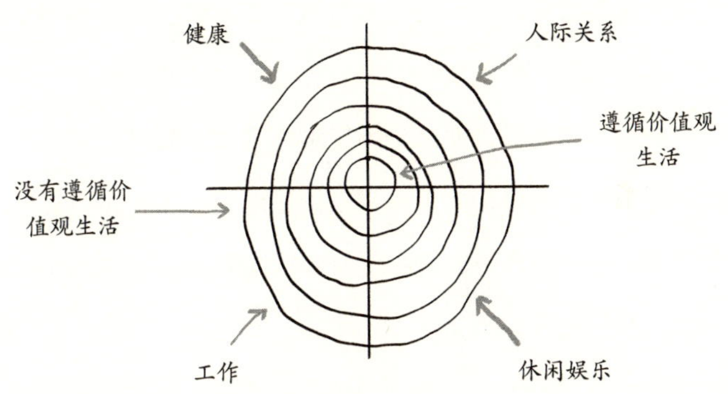

为了确保加里能保持继续努力的动力，我们采用了一种名为“矩阵”的练习，这是心理学家凯文·波尔克博士开发的一种技术。在这个练习中，你需要在一张纸上画出两个相反而行的箭头（“←→”），分别代表“远离”和“靠近”。加里列出了他想要“远离”的事情（例如，喋喋不休地抱怨健康问题、在不必要情况下预约医生看诊、总是愁眉不展等），以及他想要积极“靠近”的事情（例如，每天至少花 5 分钟聆听妻子谈论她的希望、辅导孙女完成家庭作业等）。在他详细列出了行为准则，即哪些行为应该做、哪些应该避免之后，他就很难在冲动时刻为自己找借口绕道而行（逃避问题也是我们许多人常犯的错误）。他还幽默地表示自己在脑海中虚拟了一个游戏，每当他做了“远离”清单上的事情时，自己就在这个游戏里丢分了；而每当他在“靠近”清单上有所行动时，就仿佛听到了“叮咚”的得分声。

我在这里只列举了无数方法中的一些事例，它们帮助你更有意识地明确自己的人生代表的意义，包括你如何为自己和他人树立榜样。我视为人生榜样的一个人物就是 B.J. 米勒博士，他是一位专注于姑息疗法和临终关怀的医生，同时也是一位三肢截肢者。在普林斯顿大学就读本科期间，他因一场灾难性事故而遭遇了截肢，还经历了妹妹自杀离世的悲痛，但依然坚持完成了医学院的学业。我非常渴望了解他是如何在坚守自身价值观的同时也帮助他人做到这一点的。令人赞叹的是，他的 TED 演讲《人生尽头有何求》（*What Really Matters at the End of Life*）已经获得了超过 1500 万的点击量，且观看人数仍在持续增长。

米勒告诉我，在遭遇事故后，他感觉人生仿佛被清零重来了。这无疑是一场悲剧，但某种程度上也让他摆脱了传统期望的束缚，学会了放慢人生的脚步，去专注思考他真正渴望成为什么样的人。他解释说，找到人生目标，并不等于分析思考或是制订某个伟大的计划，而是要养成不断自我审视的习惯，反思自己的行为是否明智，并对人生旅途上可能发生的一切保持开放心态。他回忆起一个故事：在事故发生后，他住进了医院烧伤科，一天晚上，护士偷偷塞给他一个雪球，他用严重烧伤的手捧着冰凉的雪球，那一刻他的思绪和注意力从自己的痛苦转移到他人的善意体贴上。日复一日，周而复始，几个月过去了，他发现，尽管身体的伤痛和肢体的残缺让他感觉难以承受，但充分品味这些日常的小奇迹，却让他有了活下去的勇气。最终，他做到了超越自身的不幸，思考如何为处于困境中的其他人提供安慰和希望，这也将他吸引到姑息治疗领域。在为临终者提供咨询时，他注意到人们反复提到的遗憾：没有真正做回自己，或者没有更不顾一切、更刻骨铭心地去爱。有鉴于此，他确保自己在努力享受生活的同时，始终保持敬畏之心，并不断践行自我反思和自我同情。

当然，你不必非得经历重大的人身损失或伤害，才能进行这样的自我探索，简单地善待自己，允许自己直面棘手的情绪，而不是向他人寻求认可，便能帮助你洞悉对自己真正重要的是什么。正如米勒博士所说："我常常告诉自己：'你还有幸活着，现在你想要做些什么？'"

要想让生活拥有更强的目标感，你需要自我调节或以能够带来长期益处的方式管理自身行为。对加里而言，这就意味着每周审视自己在价值观靶心图上的表现，持续专注于对他来说重要的事务，这让他能感到自己在朝着某个目标前进并能够信赖自己，这种自我依赖给他带来了焕然一新的感觉。即便做到这一点看似需要付出艰辛的努力，但这些付出都是值得的，因为自我调节能够显著提升幸福感。爱尔兰梅努斯大学心理学副教授迈克尔·戴利博士的一项研究发现，自我控制能力强的人，往往能更有效地管理自身的压力水平，他们的心率和皮质醇水平也更低。

加里开始有意识地改变行为，以更好地践行自己的价值观，他养成了早上跟妻子一起喝杯咖啡的好习惯，因为那时候他的精力总是最集中，心态也最积极。他每周都会跟五个外孙视频聊天，给每个女儿发一条加油鼓劲的短信或一个表情包。他还开始为老年人提供志愿服务，帮助他们解决技术难题。就餐时，他会通过餐前仪式有意识地表达感恩之情，感谢身体大部分的机能完好无损。当然，他身体上的慢性疼痛没有消失，并依然偶尔令他分心，每当感觉到疼痛，他就通过练习接纳身体的痛苦，即注意到痛感但不急于抱怨、躺下或寻求解决方案。他还告诉自己，他感受到的心脏不舒服的症状，其诱因很可能是焦虑而不是心脏病发作，因为他所有的医疗检查的结果都非常正常。在会面时，我们讨论了他基于价值的行为如何启动了积极的循环，他表示："每天早上起床煮咖啡，将注意力转移到外界事务上，让我感觉像个健康的人和体贴的好丈夫。我之前没意识到，我这些年来自我沉溺的坏习惯，已经令我背负了沉重的内疚感。"加里还发现专注于他追求的东西（更有意义的生活和更和谐的人际关系），而不是想要逃避的东西（疼痛），本质上是有益的。

我还鼓励加里反思他在友谊方面所秉持的价值观。研究表明，总是选择做一个体贴的好朋友能积极地影响我们的感受。心理学家谢尔顿·科恩是卡内基梅隆大学的教授，也是压力研究领域一位令人敬佩的专家，他开发了我们在第一节中读到的"压力感知量表"。他发现，一个人的交友圈越是广阔，就越不容易受到压力的影响。社会支持也是缓解和释放压力的有效武器，它不仅增强了我们的抗压能力，还提升了我们的"压力免疫力"。

加里一开始对这个策略持怀疑态度并表示"我年纪太大了，交不到新朋友了"。但他还是同意在社交媒体上联系一些旧相识，而获得了那么多人的迅速回应，也令他感到十分惊讶，这个简单的举动引发了一群人回忆往昔、分享照片、互相推荐播客节目的热潮。“我原以为只有我一个人才经历了这些事情，或别人都没空搭理我，但现在看来我们都在经历着类似的事情。大多数人似乎都非常热情，很高兴能够重新建立起联系，这真是出乎我的意料。”他说。

在一个充满不确定性的世界里，拥抱价值观导向的人生，或许能给你一颗定心丸。正如加里所体会到的那样，即便我们的内心和周遭的世界似乎处处都是不完美，但只要我们知道，我们可以信赖内心的指南针，这便能让我们获得一份宁静。希望你在继续探索接下来的释放和缓冲压力的策略时，能够铭记这一点。

第二章

高压时刻的压力重置策略

在接下来的篇章中，你将发现一系列得到实证研究支持的有效策略，它们将帮助你应对生活中的压力时刻。每项技巧都旨在从你当前的状态出发，引导你走向更健康的心理状态。再次强调，你可以将本书想象成一本专门为你量身定做的私人食谱，只不过这里的“食材”都是为了满足你对情感福祉的渴望，而非真正地满足口腹之欲。我有意识地提供了丰富的策略供诸位自由选择，当你感到受困于压力或消极情绪时，知道有许多方法可以迅速改善情绪，这本身就是一种极大的慰藉。请记住，我们的目标不是要强迫压力或令人不喜的症状消失，而是让你在面对人生挑战时，拥有更多的自我同情和灵活性。

若你不知从何开始，不妨随意翻开一页，尝试相关页面随机提供的压力重置技巧，以提升专注力，让内心获得更多平静。有意思的是，最有效的压力应对方法，往往看起来颇为费时费力，它们一开始可能不如你惯用的自我安慰方式那样，能立竿见影地带来满足感。我理解这种感受，退回不健康的生活旧习往往容易得多，哪怕它们可能会加剧压力。然而在稍作练习后，你很快能基于个人经历，发现哪些重置技巧对你最有效，因为不同的技巧对不同的人可能产生不同的效果，因此它们对不同人群的吸引力也不尽相同。在实践这些技巧时，你可以考虑暂时放弃那些对你没有太大帮助的应对方式，让自己拥抱变化，因为一个好的改变往往能产生连锁效应，启动另一个积极的改变。这些压力重置技巧还能增强你的自我效能感，使你更容易坚持更具赋能性的习惯，以积极的连锁效应取代消极的循环。意识到你具备照顾好自己，过上更好的生活的能力，也将让你更愿意付出必要的努力，启动这些积极的变化。

我之所以事先提醒改变的过程中可能遇到的挑战，给大家打预防针，是因为了解这一点能让你在努力摆脱有害无益的本能反应时，减轻抗拒的冲动。如果你像我或我的客户们一样，在面对极度压力和痛苦情绪时，就很可能产生一种“绝不”的强烈抵触情绪。这种情绪被称为“任性”，它常常让我们陷入困境，而与之相对的“愿意”心态，就像是对生活说一声“我愿意接受改变”。

在深陷困境时，你可能会倾向于拒绝改变的建议，理由是它们太简单或认为自己没精力去尝试。当这种犹豫不决的情绪悄然冒头时，请提醒自己，本书后面章节提供的诸多策略，往往只需要占用你几分钟时间，更重要的是，它们都是已经被证明行之有效的策略。请你尝试放下任何不切实际的期望或先入为主的观念，不要纠结于什么方法会有效或你应该多快产生好转的感觉。所有这些想法都会阻碍你的成功，这就好比一个人邀请你尝试新的爱好，你却先入为主地表示“这不是我的菜”，并因此而错失享受乐趣、获得成长的机会。

你可以使用下面的表格记录你尝试过的策略（简单记录你的想法和情绪，就能提升应对压力的能力！）。

具体情况	想法 / 感受 / 冲动	情绪和激烈程度	我尝试了什么方法？	短期影响	长期益处

我将在下文中，将这些策略分为影响思维的方法、影响身体感受的技巧，以及改变行为的策略，这样的分类旨在帮助你在任何特定情境下，更轻松地定位到适合自己的策略。虽然这些策略往往带来相互重叠的好处，比如旨在提升思维清晰度的技巧，同样能够帮助你缓解与压力相关的身体感受。在“思维重置策略”部分，你将学到如何解决问题引起的压力倍增的消极思维模式；在“身体重置策略”部分，你将学会从为压力下的身体反应而担忧，转变为信任身体的本能和能力；最后，在“行为重置策略”部分，你将专注学习能帮助你管理和接近人生目标实现的行动。

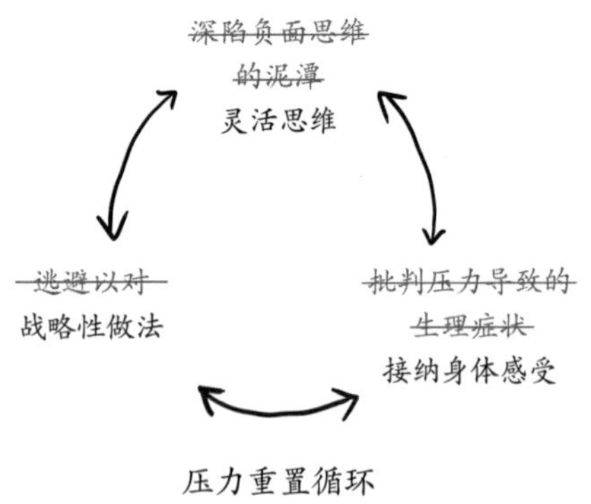

压力重置循环

在一周或一个月期间，请你先随机挑选几条建议，将它们牢记于心，然后根据个人改变的需要逐渐增加策略数量，最后通过不断重复直至养成习惯。在困难重重的时刻，要记住这些建议可能并不容易，就好像在杂乱无章的环境中，你往往很难第一时间发现近在咫尺之物一样。然而，正如我常对客户所说的那样，这些技巧好比给轮胎打气，或进行一次心灵的清理，每一次重置的目标都是在给你充电。一旦你获得了些许精神上的滋养，就能以更清晰的思路继续前行，并解决最初给你造成压力的问题。心境平和并不意味着生活无忧，而是意味着无论遇到何种情况，你都有信心去应对自如。

思维重置策略

脚跟触地，自我锚定

何时做：在你的思绪纷乱无章，正将你卷入一场危机之中时使用。

如何做：利用一个简单的锚定技巧，花点时间将思绪拉回此刻正在发生的事情上。首先感受一下脚后跟着地的感觉，这会给你带来脚踏实地的感觉，然后问自己：

○ 我正在想些什么？
○ 我的身体有什么感觉？
○ 我此刻正在做什么？

然后，想一想：

○ 我的反应有用吗？
○ 它们是否符合我的长期目标？
○ 它们是否与对未来的担忧或过去的痛苦有关？

你可以将上面六个问题的提示词写在便利贴上，然后贴在电脑上。可以简单地缩写为 TFD，其中 T 代表思考（Thinking），F 代表感受（Feeling），D 代表行动（Doing），再加上一个关于“是否有益”的问题。每当你的思维开始飘向充满压力的消极思维时，它们就会提醒你自我审视，找回内心的平衡。

为何做：不管你在何时感受到压力，请停下来反思自己的身心状态和行为，这为你选择有益的下一步骤创造了空间，尤其是在思绪杂乱无章、四处散漫之际，这个策略尤为有效。不管何时，你都可以利用这个重置策略，把心思拉回脚后跟，让自己立足于当下，这也能帮助你沉浸于积极的体验中。

 清楚地认识自己的心态

何时做：在你的心态与手头的任务或情况不符时，就需要运用这个策略。每当我们需要理性思考来解决问题时，感性情绪往往会成为拦路虎，导致我们无法看清事情的真相，比如你在感到绝望时，可能会认为努力毫无意义。当然，我们有时也需要顺应情绪的引导，比如观看感人至深的电影或与朋友共庆好事时，任由感动或喜悦之情的自然流露。但有些情境需要我们运用理性（比如做预算），或需要我们同时利用理性与情感来做决定（比如选择职业或人生伴侣）。

如何做：要弄清楚自己的心智状态，首先要问自己三个问题：

- 我当前的情绪是否主导了我的思想和行为？如果是，你就处于“情绪心态”。
- 我当前是否以事实和逻辑为基础？如果是，你就处于“理智心态”。
- 我是否充分整合了情感、逻辑和直觉？如果是，你就处于“睿智心态”。

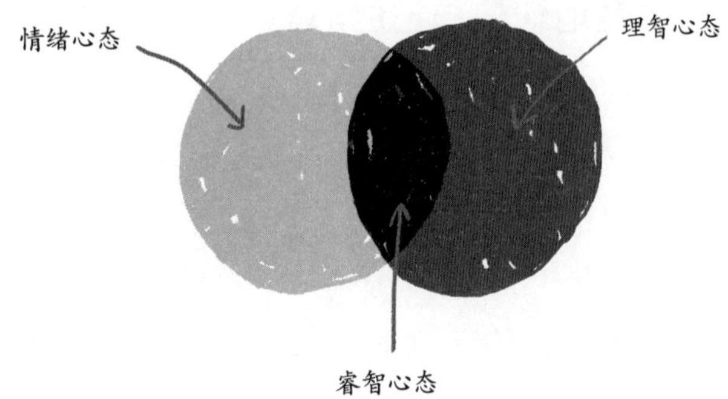

接下来，思考你的心智状态是否对当前的情况最适用。当你睡眠不足、过度劳累或孤独寂寞时，你会特别容易陷入情绪化思维。但你若能认识到自己当下的情绪心智，哪怕只有片刻，也能帮助你在陷入无助的习惯之前重新找回平衡。如果你因过于理性而影响了个人福祉——比如，因为对方是家人，所以你觉得应该忍受对方无休止的批判——你可以退一步，意识到自己正处于过度理性的心智状态，给予自己多一些关怀，照顾好自己的情感需求。

为何做：确定自己处于什么心智状态，以及它是否有助于解决问题，能够迅速为你带来清晰的认识。当你意识到自己处于情绪心态时，就可以打断情绪化的思维过程，因为它倾向于让你认为感觉即事实。在这种时候，“我什么事都做不好！”或“根本没人关心我！”等情绪化的想法可能看似合理，但实际上它们不过是悲伤或孤独情绪的产物，并非生活的真实写照。承认自己正处于一种对所做的事情不利的心智状态，能帮助你认识到自己可以有效应对，而且你当前承受的压力不会永远持续。

找到你的睿智心态

何时做：在你因决策而挣扎，陷入自我怀疑或渴望向他人寻求不必要的保证时使用。

如何做：让自己有机会启动睿智心态，能帮助你发掘内在的洞察力，充分整合与利用自身的知识、情感和直觉。请尝试花 1 分钟逐一练习下面的做法，看看哪种对你最有效，然后在必要时可以优先完成对你最有效的练习。

○ 吸气和呼气，吸气时想着“睿智”，呼气时想着“心态”。

○ 在自然地吸气和呼气时，试着把注意力集中在呼吸上，把注意力集中在身体的中心区域，在继续吸气和呼气的同时，把注意力集中在五脏六腑之上。

○ 在吸气和呼气之间自然停顿。吸气，然后在吸气达到极限并呼气前，注意呼气前的短暂停顿。呼气后，请留意再次吸气前的自然停顿。

○ 在你即将做一些不确定是否该做的事情时（例如，你即将违背一个承诺），问问自己：这是明智之举吗？

○ 如果你是一个视觉型的人，你可以想象一颗小石子正在缓慢地沉入美丽清澈的湖中，就好像你正在缓慢地沉入内心深处的智慧，找到你的睿智心态。

为何做：充分利用内在的智慧可以让你专注于人生最至高无上的目标，并期望它实现。关于人生致力于寻求的答案，其实往往早已握在我们手中，我们只需要调整自己，静心去倾听它们的存在。在我的心理治疗实践中，客户们意识到反复的尝试后，他们能够提高获取和信任自我睿智心态的能力。这就是为什么当客户询问我的想法时，我会听从他们的睿智心态的指引，给出他们自己心中隐藏的答案。充分利用我们自身的知识、感觉和天然的直觉，让我们能够挖掘自身不可思议的洞察力，增强对自身能力的信任。

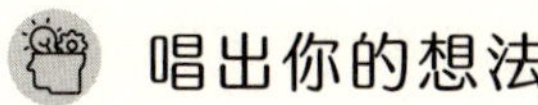

何时做：在你难以摆脱令你疲惫不堪、丧失动力的消极想法时使用。

如何做：试着用轻松戏谑的方式唱出这些消极的想法，这能改变你与负面思维的关系，帮助你减轻对它们的重视程度。下面是几种值得借鉴的练习方法：

- 选一首欢快的曲子，唱出你脑海中反复浮现的负面想法。你可以用满匙爱（The Lovin' Spoonful）乐队的"Do You Believe in Magic"的曲调来唱出"我觉得自己是个尴尬的冒牌货"或者用蕾哈娜的"We Found Love"曲调来唱出"我觉得自己不行"的消极想法（这是我个人最喜欢的曲调，它可以让你远离那些阴魂不散的负面想法）。
- 比如，可以用哈达威的"What Is Love"唱出所有消极的想法，直接把歌词换成脑子里的消极想法就行，比如把歌词改成"想法是什么？这些想法伤不到我，再也不会"。
- 可以利用"我说它唱"（Songify）应用程序，输入自己脑子里愚蠢的想法作为歌词，创作一首愚蠢的广告歌。

为何做：有 80%~90% 的人承认，他们心里会反复涌现一些无益的消极想法，不管是关于外表、工作还是应对困境的能力。请练习“认知解离”技巧，它要求我们不要把脑子里负面的思绪当真或看得太重，减少它们出现的频率和可信度，将它们转化为内心可以调侃的暂时性思维。

全然接纳

何时做：在你需要与不好的事情抗争时使用，无论它是不确定性还是挫折，无论其严重程度是大是小。

如何做：无条件接受意味着承认情绪上或身体上的痛苦，并发自内心地允许此时此刻的情绪和状态发生。全然接纳之所以重要是因为：痛苦本身就已经令人难以接受，如果再加上拒绝接纳的心态，你的痛苦只会倍增。这是一个反复练习的策略，但你需要首先保持一个开放的心态。

很多人经常疑惑地问我："接纳本非易事，为何还要强迫自己无条件去接纳？"这是一个合乎情理的疑问，然而接纳必须是心甘情愿的，如果你只是阳奉阴违地接受了现实，比如在摆出一副认命姿态的同时心怀怨怼，那么解决问题的效果必然不如全然接纳。你可以利用下面的方法练习全然接纳。

1. 不管你正面临什么挑战，用 0 分到 10 分的标准，评定你对它的接纳程度，其中 10 分代表全盘接纳。
2. 审视自己是否产生了批判性的想法，比如"为什么是我！"或"我不能接受！"并尝试通过描述实际发生的事情来做到实事求是地思考。
3. 留意自己身体的反应，放松紧绷的额头、嘴唇、牙齿、肩膀和手部。

4. 允许自己觉察当前感受到的情绪，并将它们视为正常的现象，同时允许自己体验情绪和身体反应。而相反的做法，即想象这些情绪将永远持续，或将它们判定为不正常，只会导致你选择压抑或夸大这些情感（例如“我的感受永远都不会变好！”或“我为什么会有这样的反应？”），从而雪上加霜，让事情变得更糟糕。

5. 问问自己，如果你能够接受现状，不管是着手开始一项艰难的任务，或是避免过度解读你觉得难相处的人做出的行为，你会怎么做？然后遵循这个逻辑，尝试转变自身行为。

6. 完成前述练习步骤后，再依据同一个量表，重新评价自己的接纳程度，看看有何变化。

如果你再度陷入挣扎情绪，那就再度尝试回到开放心态，正如我给客户建议的那样：接纳更像是一扇旋转门，而不是一架有去无回的飞机，你总是可以随时回到起点并努力。

为何做：每当我询问客户，他们觉得治疗中的哪种策略最有效时，他们总是不约而同地提及全然接纳，即便在初次听闻此概念时他们往往不屑一顾，很多人一开始的反应跟他们一样，但已有诸多研究证实，推崇全然接纳的疗法能够有效减轻压力、减少药物滥用、缓解焦虑和慢性疼痛，并促进人际关系的和谐与个体幸福感的提升。

若你对此尚持怀疑态度，不妨回想一个令你倍感压力的情景，同时绷紧脸与身体，同时将你遭遇之事视为人生不公。你很快会发现，拒绝接纳往往导致更深重的痛苦（我个人发现，拒绝接纳会令我头痛欲裂）。随后，换个态度面对同一个问题，同时放松紧绷的身体，你是否感觉轻松一些了呢？

无论遭遇何种挑战，学会接纳当前时刻及其触发的情绪，将能够帮助你有效管理情绪，实现个人的蓬勃发展。“情绪压力、愤怒、对健康的担忧、因失败的人际关系而产生的羞愧，乃人生常态，”心理学家兼正念专家，《全然接受这样的我》（*Radical Acceptance*）一书的作者塔拉·布莱克向我透露，“然而，任何未能全然接纳我们身为人类需要经历的这些情绪的行为，都会让我们陷入这些情绪的旋涡之中，无法自拔。”

如果你认为提升接纳能力意味着彻底地颠覆自我，那么也有研究表明，这个思维重置指南中列出的步骤，在经过反复练习后能提升心态的平和度、保存你的能量，使你继续正常生活。最重要的是，要牢记接纳并不意味着安于现状，它实际上能够促进你的积极转变。

给情绪命名

何时做：在你感受到负面情绪的时候使用。

如何做：从审视下面这个情绪轮盘开始。

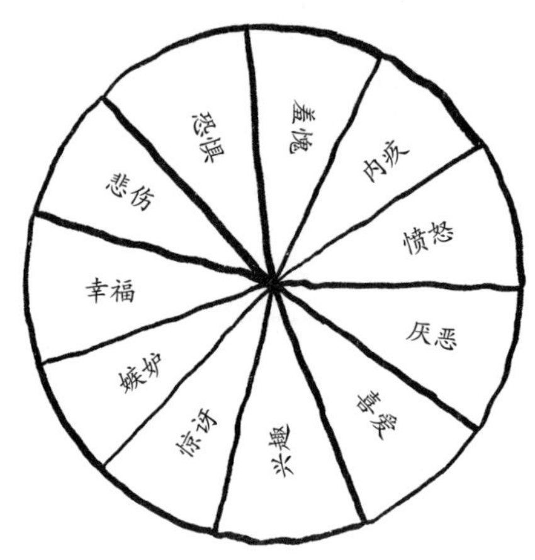

然后，放慢反应速度，留意自己的感受并给其命名。你可以大声地说出自己感受到的情绪，在情绪记录应用或日记中将它们记录下来，但要记得精准地识别和描述你感受到的情绪，而不是将其笼统地描述为“糟糕的情绪”。

最终，给这些情绪的强度评分，分值从 0~10 分不等，其中 10 分代表最强烈的程度。尝试将这个方法变成一种日常习惯，不要坐等情绪严重到难以承受或极度不快时才去做。以这个方法记录积极情绪也同样重要，它能帮助你更好地发掘令自己感到快乐的人和事。

为何做：人们总是很容易情绪上头，受其控制并冲动行事，所以难以用开放的心态去冷静远观（这也属正常现象）。然而，只要你能花点时间为自己的情绪贴上具体标签，就能减轻它们对大脑和身体的不利影响。这个也被称为“情绪标注”的方法，能打断大脑边缘系统（情绪中枢）的活动，并激活右侧前额叶皮质（主导理性思维的大脑区域），借此降低情绪的强度。研究表明，在看到令人不安的图像时，如果观看者能同时进行情绪标注，他们经历的情绪困扰将显著减少。另一项研究也发现，明确说出愤怒情绪实际上能降低心率和心排血量，而且这种好处还是长期持续的：研究发现，被诊断患有蜘蛛恐惧症的人，如果在面对笼中的狼蛛时能够标注自己的情绪，那么与试图转移注意力或说服自己淡化恐惧的人（比如“蜘蛛并不危险”）相比，他们在一周后再看到蜘蛛时，产生的负面情绪会显著减少。

自我肯定

何时做：当你因倍感压力而紧张，或感觉被他人否定了，渴望得到支持时使用。如果你总是贬低自己、低估自己的成就，或者刚成功完成一件事就开始担忧下一件事，也可以尝试这个方法。

如何做：自我肯定能给予你更强的安慰感，即使身边的人都无法理解你。练习自我肯定时，首先要关注自己的想法、感受、行为以及所处的具体情境。然后，认识到自己经历的一切都是合情合理的。例如：即便我已经如此尽职尽责，为一个要求极苛刻的领导工作属实不易；我感受到的压力合情合理，这与认为自己一事无成或不正常的想法截然不同；我确实非常努力工作，所以这番成就绝非运气使然。习惯这个方法之后，当你再意识到自己开始自我否定或对合理的感受过度苛责时，就能及时转换到自我肯定的状态。

为何做：我们能轻易地察觉他人是否对我们或我们的经历不屑一顾，但却容易忽略自己在不经意间对个人经历的下意识轻视。只要花一点时间，给予自己一些理解（例如，这并非我所期望的，或考虑到……我必然会产生这样的感觉），你就能有效缓解任何困境或挫折带来的痛苦。

在此与诸位分享一个真实案例：我的一位客户告诉我，他担心自己可能会陷入重度抑郁，因为在过去的六个月里，他经历了失恋、朋友自杀身亡、换工作、搬家等诸多波折，所有这些变动必然会触发他的情绪波动和低落。他是个一贯很重感情的人，而现在生活中发生了那么多令他深感不安的事情，他的情绪必然会很糟糕。当他认识到自己的感受是合理的，并允许自己去用心体会，他的心态就能从倍感沮丧和压力，转变为欣赏自己的善良和同理心，并开始给予自己更多的同情与理解。

如果你不确定如何培养发自内心的自我安慰能力，就不妨想象你有一位知心密友，一位经验丰富的治疗师，或罗杰斯先生，他们陪伴在你的身旁，在你的耳边轻声安抚你。有人担心自我肯定的做法会令人变得过于放纵自我，然而这并非事实，自我肯定能增强自我宽慰和同情的能力，令你获得更健康的个人发展。对于积极的经历，认可并享受自己的成就，总比想象风水轮流转、好运终究会逆转为厄运、你的人生高光时刻也将瞬间湮灭要好得多，至少积极的认可能更有效地激励你继续努力。

罗列利弊

何时做：在你面临天人交战，纠结于某个决定，或试图遏制自己做某事的冲动时使用。

如何做：与其让自己因为这些纠结的想法而精疲力竭，或沉溺于无益的想法，不如罗列所有可能的选择，以期找到一个有效的决定。请你拿出一张纸，画出四栏，分别标上“利”“弊”“冲动”“其他选择”（如下页表所示），然后分析令你挣扎不已的冲动或决定，思考它们可能给你带来的短期和长期感受（例如：如果我今天屈服于冲动，明天一定会为此后悔）。你可以用星号标记长期的利和弊。

在明确可能的备选项时，你的描述越是具体明确（例如屈服于拖延症的冲动与这个决定的利弊，以及顶住压力立刻着手工作与这个决定的利弊），在面对去做一些能带来即时满足感的事情的诱惑时，你抵御诱惑的能力就越强。请你好好保存这张利弊分析清单，在未来做决策时，可以随时拿出来作为提醒。

请看下页表的参考示例。

	利	弊
冲动 发送一条攻击性讯息	▶感觉自己有话语权 ▶让别人也体会一下我的感受 ▶不必忍受和压抑自己的感受	▶从有理的一方变成火上浇油的一方 ▶发送充满敌意的讯息时感觉自己更生气了 ▶永远得不到我想要的答复 ▶令我感觉自己的行为太过分 *
其他选择 意识到我很生气，先听几分钟我最喜欢的播客，舒缓一下怒火	▶发现我找到了一个积极的方法，合理地转移了注意力 ▶认识到如果我在怒气不这么高涨的时候，再回过头处理这件事情，就能获得更好的沟通效果和结果 * ▶让我的一天变得更舒心 * ▶相信我可以管理自己的情绪 / 生活 *	▶感觉很不习惯（尤其是一开始时） ▶必须不断克制自己宣泄怒火的冲动 ▶不能像往常那样静下心享受播客节目

*= 长期后果

为何做：明确罗列利弊得失，能帮助你更轻松地激活理性判断，避免陷入风险很大或容易诱发压力的旧习。在重压之下，我们往往会忘记如何理性地权衡所有的选择。此外，压力还会扭曲我们的认知，令我们难以抗拒快速解决问题的诱惑。我已经记不清有多少次，饱受强迫症困扰的客户对我倾诉："我从未意识到，我想要改变的行为能带来的好处，可能只有5分钟，而它的坏处，如内疚感和羞耻感，却可能持续数日。"如果我们最终能遏制惩罚自我的行为，那么由此产生的压力也将大大减轻。

心怀大爱前行（如果光是看到这个标题就令你感觉不适，思维转变就尤为迫切）

何时做：当你犯了错，当你发现自己感觉疲惫不堪或产生社交焦虑，当你面临一个极具挑战性的情况或诱惑，当你发现自己陷入了“我真是个白痴！”等自我否定想法的旋涡，或当你发现自己出现反刍思维时，都可以使用这个方法。

如何做：我们总是会轻易陷入“严于律己”的思维误区，尤其是当你相信对自己严苛的做法，能让你变得更坚强时。然而有证据表明，培养一种“有益替代技能”，即将自我批判切换为自我认同的能力，是对待自我的更有益方式。我从正念导师兼作家莎伦·萨尔茨伯格那里学到了我个人尤为钟爱的一个练习，即慈爱冥想，它能在你最需要善待自己的时候帮助你善待自我。

保持坐姿，闭上眼睛，如果你更喜欢睁开眼，可以注视一个固定的地方。花几分钟时间想想符合以下描述的人，然后在每个类别中挑选一个人作为关注的重点：

- ○ 能令你自然而然表达爱意之人
- ○ 你自己
- ○ 你知道正处于困境之中的人
- ○ 你认识但不熟悉的人（例如经常在本地商店为你提供帮助的人）

○ 一个不太好相处的人

○ 所有人

逐一将这些人带入你的思绪，然后向他们表达下面这些传递慈爱的语句：

○ 祝愿 ____________ 能快乐。

○ 祝愿 ____________ 能健康。

○ 祝愿 ____________ 能安全。

○ 祝愿 ____________ 能活得轻松自在。

○ 当你为自己祝福时，可说："祝愿我安全，祝愿我快乐……"

请在每个人身上至少花 1 分钟，为了获得最佳的练习效果，你可以想象将这些美好祝愿作为礼物赠予自己和他人。你可以将这种冥想纳入日常活动，可以在清晨喝完咖啡后或晚上睡觉前完成，并至少坚持几周，专注于同一群人，直到你能够全身心地投入积极情绪的培养中。你也可以在日常生活中随时实践，不管是走进一个你害怕他人对你评头论足的社交场合，还是经过一天辛苦的工作后回家的路上。

为何做：已有数十项研究表明，慈爱冥想可以给习惯于自我批评或是单纯想要变得更快乐的人带来积极情绪。还有证据表明，它可以强化你与他人的联系，你还可以利用它来让自己无条件地对自己更好，不必等到自认为做了值得称道的事情才自我表扬。你将发现，这不仅能激发你持续保持自我提升的动力，还能避免自我批评耗损你付出的努力。

画一张生活饼图

何时做：在一件令人沮丧的事情变得难以承受，你需要一个更理性的视角时使用。

如何做：为了提升你全面审视生活的能力，首先，从反思和列举生活中对你至关重要的领域开始——健康、友情、家庭、个人成长、事业、经济安全、精神追求、爱好、回馈社会等等。然后，思考你希望将哪些具体美德带入列出的各个生活领域，并将其记录下来（例如，更努力维护人际关系，成为更宽容的人，每周主动联系一位朋友）。这个具体的描述将确保你设定的目标不仅远大而美好，还切实可行。

接着，想象你需要将这些对你至关重要的生活领域，当成一个饼状图上不同的扇形区。你将给予每个生活领域多大的比重？比如，健康占了多少百分比，工作的占比又如何？

最终，你将得到一个饼状图，上面的每块扇区大小不等，它们的大小分别代表了你对不同生活领域的重视程度。至此，你就为自己的生活绘制了一张饼状图。不妨给它拍个照，提醒自己要注意生活的多样化和均衡。此外，还需要注意，随着情况的变化，你生活中最重要的事情也可能发生变化，因此请每隔一段时间，重新审视一下自己的各种价值观，以及它们在你生命中的重要性。

为何做：在分析并确定什么人和事对你而言至关重要，以及明确它们各自的重要程度后，你就能更轻松地将烦人却相对无足轻重的事情（如不尽如人意的初次约会）抛到一旁。同样，在遭遇更严重的痛苦事件（例如工作表现被打了差评）后，你也能与之保持一定的心理距离，不会沉湎于负面情绪之中。你可以将这个方法想象成拉远镜头、以观全景（而非放大细节、聚焦缺陷）。这种远景视角还能提醒你应该关注哪些重点。它还有一个额外好处，当你专注于自己能够控制的东西，比如保持耐心和心怀善意地沟通时，相较于沉迷追求令人望而却步的宏伟目标（如寻找灵魂伴侣）的状态，你将更加感觉人生充满希望。

 发现灾难化思维的苗头

何时做：在你陷入了反复想象最坏情况的思维怪圈时使用，它还能帮你摆脱与激烈情绪的缠斗，因为灾难化思维方式往往会加剧困扰。这就是为什么你对事件的灾难性理解，例如在遭到拒绝后认为“我不值得被爱，事情永远都不会好起来”，对你造成的深远负面影响，可能比事件本身更严重，因为灾难性思维夸大并延续了你的痛苦感受。

如何做：不要将消极的想法与绝对确凿的事实混为一谈，请你花点时间，利用下面的策略，审视自己是否产生了灾难性思维：

- ○ 扪心自问，这个想法是否对我有益？仅仅意识到某个想法不仅无益反而有害，就能帮助你改变思维。我喜欢把这个方法称为“创建一个专属的垃圾思维回收箱”！
- ○ 如果你已经心烦意乱到难以判断自己的想法是否有理有据，尝试规划一些有用的后续行动。（例如，我可能会失败→我至少可以尽力尝试 15 分钟！）
- ○ 如果你仍纠结于最坏的情况，并希望采取更具策略性的技巧来看问题，可以自问：我能否确定这是真的？我是否错误地认为存在威胁？它威胁到我的可能性有多大？还存在哪些可能的解释和结果？

如果写作能帮助你跳到局外分析问题，可以参考下面的格式完成写作练习。

诱发事件	想法	它是否有帮助？	最坏情况真实发生的可能性有多大？	更符合实际且有用的想法是什么？	能够增强应对能力的下一步是什么？

写作示例：如果你因为阅读了超市发生大规模枪击事件的相关新闻，而感到极度压抑和恐慌，上面罗列的问题就能帮助你意识到，虽然这些事情令人恐惧和不安，但在你处理日常事务时遭遇枪击的可能性极小。这个练习的目标不是抹杀已经发生的悲剧，而是防止你过度关注最糟糕的结果，以至于无法正常生活，并致力于将你的注意力拉回更符合现实的结果上。你可以告诉自己，“即便无法掌控现实，继续过日子是我唯一的选择”，然后继续正常生活。

为何做：急于下定论或只会设想最糟糕的情况，只能令你陷入恐慌，这就是思想对情绪和行动的威力体现。这也是为何从三世纪初期的斯多葛学派哲学家，到禅宗大师，再到现代认知疗法的开拓者，无一不强调通过改善思维方式来提高应对能力。无论身处的环境令你感到多么的精疲力竭，消极的思维只会令生活的艰辛变本加厉。当然，我们并不是要求大家罔顾现实或自欺欺人，而是请你更符合实际、更高效地思考。最近，一位客户跟我抱怨说，不管是在情场上还是在职场上，他迈出的每一步似乎都会“碰壁”，我建议他把这里的“墙壁”替换为“减速带”，仅仅是一个比喻意象的替换，就能提升他在遭遇挫折时继续尝试的意愿，哪怕频繁遭遇令人失望的困境，他仍有继续努力的能力。

打破消极预设

何时做：在你对他人感到愤怒，或自认为遭受了严苛的批评，并沉浸于这些负面情绪而无法自拔时使用。在理想情况下，迅捷的判断本应帮助我们迅速而准确地分析一件事或一个人，然而在我们犯下基本归因错误，即把某人的行为归咎于其性格的缺陷（比如："他可真是个浑蛋！"），而非全面考虑现实（例如："他也只是在履行自己的职责，执行停车规定"）时，我们就会陷入消极预设的误区，它导致我们习惯性地给某人（包括亲人和我们自己）贴上标签或做预设，而不是跳到局外，从更广阔的视角客观地观察和分析发生的事情。消极预设不仅令我们面临误解他人或自我的风险，还可能引发不必要的怨怼情绪。

如何做：只要你能认识到，前因后果等背景因素在每一次互动中都发挥了巨大作用，就能开启通往更健康及合理解释的大门。首先，回顾你曾对某人做过最坏的设想但事实上背后有更多隐情的经历。斯坦福大学教授杰弗里·科恩在他的著作《归属感：创造联系和弥合分歧的科学》（*Belonging: The Science of Creating Connection and Bridging Divides*）一书中分享了一个典型案例。这个故事讲的是一位老师因为学生在课堂上戴太阳镜而惩罚他，理由是这个男孩不尊重课堂纪律，但实际上他戴太阳镜是为了遮挡黑眼圈。仅仅是意识到这种认知偏差，就能帮助你将挫败感转换为探索真相的好奇心。

为了降低陷入基本归因错误的概率，科恩博士建议我们"在社交互动中保持清醒理性的眼光”并积极开展“心智锻炼”，消除自发的消极假设，比如回想最近令你感到烦躁的情况，尝试提供一系列更广泛的解释。要打破消极预设思维，你首先要相信他人的善意，并在适当时询问更多信息以获得更深入的理解，而非陷入脑补或喋喋不休的抱怨。

一位曾前来找我治疗社交焦虑症的客户问我：“你是不是觉得我很烦？”这时候我不仅没有生气反而感到高兴，只不过我当时因为怀孕，刚好经历严重的孕吐反应。这个客户的观察力很强，所以看出我跟平时有点不同，但他也存在焦虑倾向，总是觉得别人不喜欢他，并倾向于将他人的一举一动解读为对自己的厌恶。所以，他本质上犯了基本归因错误，并误以为是他的举动令我厌烦。我迅速为自己看起来不像往日那般开朗道歉，并解释了真正的原因，同时告诉他我很高兴他能主动询问缘由。他勇于提出疑问的举动，反而拉近了我们的关系，同时也凸显了为何我们需要反思自己不假思索的判断。尤其是在一段持续发展的人际关系中，在你的担忧看起来获得了确凿事实支撑的时候（就我个人在这次事件中的表现而言，我肯定因为孕吐而看起来有点脸色不佳），通过提问厘清隐情就很有必要。

为何做：换位思考能显著地改善我们对他人和自己的评价和感受。在美国西北大学心理学教授伊莱·芬克尔主导的一项研究中，他邀请 60 对已婚夫妇花 20 分钟时间，从一个期望各方都能获得最佳结果的第三方视角，以不偏不倚的中立口吻，回顾他们最近经历的夫妻争吵。他同时鼓励这些夫妇在未来发生冲突时，回顾在这次练习中学到的技巧及其可能带来的好处。相较于未参与这项练习的夫妇，这 60 对夫妻在接下来的一年里对夫妻关系的满意度显著提升了。尽管从更宽容的角度解读人和事的动机，需要一些初步的努力，但却能为你的内心以及你的人际关系带来更多的平和与宁静。

视情绪为有起有伏的浪潮

何时做：在你感受到强烈的情绪，并深信情况不会好转时使用。如果你总是倾向于压抑自己的情绪，这不仅会导致压力倍增，还会致使负面情绪进一步恶化，因此这个重置方法也将大大改善你的情绪状态。如果你曾因为担心某些不良情绪（如悲伤或恐惧）会令你难以承受，而倾向于逃避困难，也可以尝试这个方法。

如何做：置身事外，以旁观者角度观察自己的情绪，不要试图压抑情绪或自我批判，而是致力于准确地感知情绪在身体作用的位置。现在，请你想象自己正站在冲浪板或小船上，努力在起伏的波浪中保持平衡。提醒自己，情绪就如同脚下的波浪，有起有落，时涨时退。请练习专注于当前正在发生的事情，不要去过度预测未来可能产生的感受，或回顾过去的情绪体验。

为何做：众所周知，人类并不擅长情感预测，也就是预测自己未来的感受。这就意味着，担心自己未来的感受（如：我永远也无法摆脱这种感觉！）只会令你在已有的情绪负担上进一步地心生绝望。与其评判自己的情绪，不如学习如何在情绪的波动中“乘风破浪”，这个方法将帮助你认识到，你无须逃避自己的感受，甚至不必采取任何行动。一旦你能静心接纳情绪的存在，便会发现它们通常不会持续太久。我喜欢将这项练习比作心理上的“中国指扣陷阱”，这是个有趣的小玩具，当你尝试抽出手指时它反而会收紧，而当你放松手指时它就会主动释放你的手指。同理，学会让情绪顺其自然地释放，是让自己从情绪中解脱的唯一方法。接纳自己当前的情绪，还能让你更好地享受积极的体验（如与朋友们放松地享受周末），而不用担心这些体验会结束，或烦恼于接下来将发生的事情（如新的一周里压力满满的工作）。

化噩梦为美梦

何时做：在你反复做噩梦，且它们已经严重到影响正常睡眠和工作的时候使用本策略。我有很多经历过严重创伤的客户就遭遇了这个问题。

如何做：花 1 分钟时间集思广益，想出几种自我放松的方法（例如，看一张宁静之景的照片或在歌单里添加一首放松身心的歌曲）。花点时间检验这些方法的效果，如果你在疗愈练习的过程中需要充电，不妨使用这些放松之法。

接下来，挑选一个反复出现的噩梦，如果你同时经历数个噩梦，先从一个感觉不那么强烈的噩梦入手。尽可能详细地描写和记录你的噩梦，但要将它改为积极的结局，越是荒诞离奇且令人难忘就越好。假如你的噩梦是自己站在高高的跳水板上，在观众的注视之下倍感恐慌，总感觉自己不仅会出丑，还会严重受伤，你便可以改写噩梦的结局，想象跳板上的自己与奥运跳水冠军托马斯·戴利目光相交，在你勇敢而优雅地跳入泳池时，他朝你竖起大拇指。然后在上床睡觉前，你可以花几分钟时间在脑海里演练新梦境。

从今往后，如果你早上醒来时能记得自己前一晚做了什么噩梦，趁着自己仍对噩梦记忆犹新，重复这个噩梦描述和结局改写的练习。

为何做：虽然做噩梦显然不是你的错，但在你经历了令人痛苦的生活事件后，这些噩梦可能会演变成不良的心理习惯。然而意象演练（前述练习过程的专业术语）可以帮助你增强对噩梦的控制，提升睡眠质量。此外，在清醒时深思熟虑地处理反复出现的噩梦，会比单纯担忧噩梦的反复出现更具有预防效果。

敞开心扉去追寻人生意义

何时做：在你感觉诸事不顺意，并想要激励自己坚持下去的时候使用。

如何做：首先，要认识到挫败或放弃等情绪是合理的，学会尊重它们的存在。当你在没有正视自身的情绪挣扎，就急于从心烦意乱的状态逼迫自己在痛苦中寻找目标时，这只会令你感觉人生毫无意义。

其次，在转变思维的过程中，请你不要试图拒绝自己的负面感受，而是去思考自己是否有机会从导致痛苦的事件中获得成长。我的一些客户采取的做法是，将自己的困境视作鼓励他人去勇敢地面对类似挑战的机会，比方说帮助他人更积极地面对自己曾经患过的疾病。

另一种寻找人生意义的方法，是找到更广阔的视角。请你设想“未来的你”穿越时空回到现在，与“现在的你”相遇，未来的你会带来哪些智慧指引现在的你？或者，你最坚定的支持者（你自己）能提出哪些观点来激励你？你还可以尝试想象，你遭遇的挫折实际上是一个宏大计划的必经过程，只是眼下的你尚未理解。

无论你尝试哪种策略，你的目标都应该是学会在忍耐痛苦的同时，找到人生的意义。玛莎·莱恩汉博士因个人与自残斗争的经历而开发了辩证行为疗法，挽救了无数在强烈情绪和困境中挣扎求生的人。在教授心理治疗师如何帮助客户从逆境中寻找积极性时，她提到关键在于“在不否认乌云本身是黑色的前提下，去找到黑暗中的一线光明”。

为何做：这个研究提供了一个强大而清晰的结论——人生目标感能够有效缓解压力，所以目标感强烈之人，在面临巨大压力时，很少产生负面情绪或不良身体感受。当你找到人生的意义，就像架起了一座桥，它将帮助你把困境化为成长。例如，也许你正因照顾生病的家人而精疲力竭地来回奔波，还为此倒霉地错过了火车，与其沉浸在油然而生的不满情绪中，或反复琢磨自己最近遭遇的诸多不顺，不如借机放慢脚步，锤炼自己的耐心，将二十分钟的等车时间用来听手机里的正念冥想应用程序的内容，这或许能大大减轻你的痛苦。

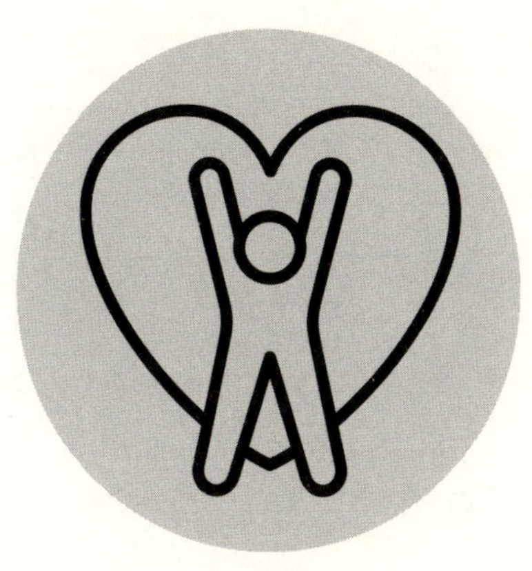

身体重置策略 ▶▶▶

 冷静下来——冰水降温法

何时做：在你感到困顿、恐慌或因为情绪失控、精力耗竭而难以清晰思考时使用。如果你想要放弃并屈服于不健康的逃避方式，这个身体重置方法尤其有效，它能防止不健康的逃避方式给你的身心造成更严重的伤害。

如何做：

1. 准备一大碗冰水，冰块要充足——因为你需要确保水足够冷，但温度也不应低于 10 摄氏度（注：虽然使用冰水的效果最好，但你也可以尝试不加水，改用冰袋或一袋冷冻蔬菜）。
2. 设置一个 30~60 秒的计时器（如果你使用的是冰水，从 30 秒开始；如果你使用的是冰袋，为了确保效果，整个浸润过程可能需要持续 1 分钟）。
3. 先做深呼吸准备，然后将脸浸入水中，下沉到冰水齐平太阳穴的位置并在这个位置屏住呼吸，尽量保持这个姿势直到计时结束（如果你感觉自己已经完成了身体重置，或者需要呼吸，也可以提前停止）。

如果你很赶时间，或想尝试一些更温和的降温方式来唤醒注意力，就可以尝试吮吸冰块或以冰棍敷脸，并在此过程中充分体会身

体降温带来的沁爽之感。

为何做：在你屏息将脸浸泡在冷水中时，作为副交感神经系统关键组成部分的迷走神经会被激发，这将减缓你的心跳并让更多血液流向大脑。这种生理反应能自然而然地缓解你的生理和情绪反应强度。如果你曾跳进冷水中，可能已经体验过冷刺激打断思绪，令你神清气爽的感受。请你以学习更具策略性应对情绪和困境为目标，做一些极具挑战性的事情（如冰水浸泡），这将拓展你的舒适区，帮助你找到舒缓之道，学会欣赏自己与生俱来的恢复力。

剧烈运动：短平快的冲刺

何时做：在你感到紧张、沮丧、疲惫、焦虑或想太多的时候使用。

如何做：选择一项你认为能够集中注意力完成的运动，例如三个俯卧撑、三个深蹲加三个仰卧起坐的组合。设定一个计时器，定下你实际运动的时长，无论是 3 分钟还是 30 分钟，然后尽可能多地在设定时间内重复这组运动。

完成一组高抬腿、深蹲跳、剪刀跳（类似开合跳，但脚步变成前后移动而不是两侧打开）、跳跃弓步和简化波比跳（去掉了俯卧撑环节）的练习。

请你根据个人的身体情况，随意调整运动的强度与时长，你还可以同时播放音乐，增加运动的乐趣。如果你下载了喜欢的健身应用程序跟练，或者有充裕的时间开展更长时间的锻炼，就更棒了！另外，如果你的身体不适宜进行剧烈运动，也可以尝试更舒缓的运动方式。在锻炼过程中，如果你发现自己的注意力开始发散，又想到令你倍感压力的人或事，请尽可能努力地将其拉回运动本身，但不要自我批判。

为何做：当你的身体充满焦虑能量时，一段快速有氧运动能有助于驱散郁气和焦虑。此外，我们都知道常规锻炼能显著降低压力、抑郁和焦虑水平，更不用说它能给我们的身体和健康带来极大好处。一项研究结果表明，12 分钟的高强度锻炼与心血管健康的显著改善和压力水平的显著降低有关。

研究发现，这个身体重置策略建议的几项力量训练能达成的生理效果，与你在跑步机上跑步相似。即便是短短 20 分钟的有氧运动，也能引起大脑的积极变化，这些变化与认知功能的提升、情绪的改善及压力的减轻息息相关。我的客户们反映，如果他们因为迫在眉睫的截止日期而心率加快，就可能会同时感到焦虑不安、心神不宁，从而无法集中注意力。然而，当他们能全神贯注地完成几分钟的波比跳后，就发现恐慌感减轻了，心境更平静了，也更容易重新投入手头的任务。当你的心跳是因为运动而不是因为感到无法控制局面的恐慌而加速，你就能收获更好的感觉。同样的方法也适用于因愤怒而产生的紧张情绪，如果你能够在努力突破俯卧撑极限的同时，将注意力转移到欣赏动感音乐上，就会发现愤怒情绪得到了有效缓解。全身心地投入运动，哪怕只有短短几分钟，也是释压的有效方法。

释放身体的紧张（渐进式肌肉放松）

何时做：在你难以入眠，或身体感到压力（如紧张性头痛或肩膀酸痛）时使用。在电脑前久坐也容易导致肌肉紧绷或牙关紧咬，而且我们常常会不知不觉地做出此类紧绷举动。

如何做：渐进式肌肉放松（PMR）由热衷于通过自然疗法治疗焦虑症的埃德蒙·雅各布森医生在20世纪20年代提出。行业实践已反复证明它能释放压力，改善睡眠质量（对存在不适病症的人同样适用），还能减轻心脏病患者的焦虑和抑郁症状。在你按照下面的顺序，循序渐进地收紧和放松身体肌肉群时，每个身体部位先绷紧5秒钟，然后放松10秒钟。请你在每次放松后专注于呼吸，体会肌肉绷紧和放松带来的不同感受。

1. 坐在舒适的椅子上或放松地躺下（尤其当你打算在睡前做肌肉放松练习时），先从头部开始，皱紧眉头，然后慢慢放松，体会额头在绷紧前后产生的不同感受。
2. 抿紧上下嘴唇，模仿涂抹润唇膏时的动作，然后放松，让上下唇自然分开。
3. 上下牙合拢，舌头顶向上颚顶部，然后放松，上下牙自然分开微张，舌头自然平放。
4. 勾头，下巴去找胸口的方向，直到感觉颈部收紧，然后放松，体会从眉毛到颈部的放松感。

5. 耸肩，肩膀尽量去找耳朵，然后放松肩膀，感受从脸部到肩膀在紧张与放松之间的不同体验。

6. 双肩向内并拢，弓起背部，然后放松，让双肩自然下垂和打开。保持吸气和呼吸，在呼吸间释放紧张情绪。

7. 收紧并绷紧腹部，然后吸气拱起腹部，注意前后不同的感受。保持呼吸，释放从脸部到腹部的紧张感。

8. 手指紧握成拳，然后松开，放松地张开手指。

9. 绷紧前臂和肱二头肌，屈肘呈直角，然后放松手臂自然下垂，注意手部和大小臂在紧绷和放松状态下的不同，专注于吸气和呼气。

10. 夹紧臀部，然后松开，释放身体的紧张感。

11. 绷紧并合拢大腿，使其相触，留意身体产生的紧张感，然后放松，双腿自然分开。

12. 最后弯曲并绷紧脚趾和小腿，然后放松，结束整个渐进式肌肉放松过程。

13. 保持均匀呼吸，从头到脚地感受全身肌肉群的状态，留意身体逐渐放松的过程。

为何做：大多数人都会不自觉地将压力抑制在身体里，这会令我们心理上感到烦躁不安，身体上感觉各种不适。好消息是，释放身体里的压力可以营造一种放松的状态，令我们的思想得以平静下来（你甚至会发现，仅仅阅读前面这些渐进式肌肉放松的步骤，就能让你的心境变得平和）。

压力与身体不适通常如影随形，然而只要你学会有意识地放松身体，留意自己日常的姿势，即使是反复发作的头痛和一些肠胃问题等慢性疾病的症状，也会逐渐得到改善。与被动的按摩放松不同的是，在渐进式肌肉放松的过程中，你扮演了按摩师的角色，这意味着你的思绪不会像躺在按摩床上被动放松时那般容易发散。学习释放紧张和压力，也是一种与身体重新建立联系和提升自我理解能力的好方法（将渐进式肌肉放松想象成一个关心你的人，它温暖的手正温柔地放在你因紧张和压力而绷紧的肩膀上）。渐进式肌肉放松还传递了我很喜欢的一个信息：通过有意识地主动关注，你可以系统性地（从头到脚地）改善自己的感觉，提振情绪。

 用注意力扫描身体

何时做：在你发现自己难以入眠，或是半夜醒来后辗转反侧，担心如果自己不能马上入睡，第二天会有多糟糕，或是整夜未眠时使用。每当你发现自己的思维总是从身体的疼痛，发散到其他令你忧心的问题上（如厌恶自己的体重/体形）时，也可以尝试这个方法。这是因为这个身体重置方法能帮你培养对自己身体的更宽容、正常的视角。

重要提醒：因为这个练习会令你非常平静，以至于可能昏昏欲睡，所以不建议在需要重振精气神，或需要起床出发工作时使用。

如何做：

1. 仰卧，注意力集中在呼吸和身体的感觉上。花点时间感受身体与床或地板接触的部位，随着每次呼气，让自己更深入地下沉和放松。记住你的目标是保持觉察，而不是入睡。除了保持当前的意识状态外，你不需要努力去实现别的目标。
2. 专注于呼吸带来的感受，感受腹部随着每一次呼吸的自然起伏，留意腹部在吸气时隆起，呼气时缩回的变化。
3. 将注意力转移到左脚，顺着大腿往下一直到脚尖，感受每个脚趾，感受它们的存在，保持不假思索的态

度。随着呼吸，想象气息流淌到左脚的每个脚趾的感觉。

4. 将你的注意力转向左脚的底部，即脚掌和脚跟。留意那里产生的任何感觉，尤其是脚跟与地面接触的部位。当你把注意力集中在脚部时，保持对呼吸的觉察。

5. 从脚部开始，慢慢向上移动你的注意力，经过身体的每个部位时都稍作停留（例如，左脚踝、左小腿、左膝盖、左大腿，然后是右脚趾、右脚和脚踝、右小腿、右膝盖、右大腿，接着是骨盆区域、臀部、下背部、腹部、上背部、胸部、肩部）。接着转向双手（可以同时专注于双手），从手指开始，逐渐转移到拇指、手掌、手背、手腕、前臂和肘部、上臂，再次到肩部、腋窝、颈部、面部（包括下巴、嘴部、嘴唇、鼻子、面颊、耳朵、眼睛、前额），以及后脑勺。如果你的心思开始游走（这是正常现象），注意到这一点，并将专注力温柔地引导回来，无须自我评判。

为何做：身体的注意力扫描与渐进式肌肉放松相似，如果你不想进行绷紧肌肉再放松的练习，这就是肌肉放松疗法的绝佳替代，它帮助你以一种更温和的方式，即以注意力转移的形式关注整个身体。这个方法能让你更容易地感知自己的健康状况，同时让你放弃不切实际的想法，比如期望在几秒钟内就入睡。这一练习是正念减压疗法（MBSR）和正念认知疗法（MBCT）的核心组成内容，这两种方法都是提升生活质量和预防抑郁症复发的黄金疗法。身体注意力扫描还能训练你将注意力从压力的困扰上转移开，最终收获内心的温暖与宁静。正念减压疗法的创始人乔·卡巴金博士解释说，尽管我们尚不清楚身体注意力扫描在分子层面的作用机制，但许多在姑息治疗领域工作的专业人士观察到，这一实践能为处于极度痛苦中的人们带来心灵的宁静时刻。

叹走压力！

何时做：在你身处困境之中，急需一种轻松的方法来改善情绪和提振心情时使用。

如何做：请你轻轻闭上双唇，用鼻子吸气，然后再用鼻子吸气，这样就连续吸了两口气，然后张嘴呼气，这也被称为生理性叹息，重复这个过程就是循环性叹息。你可以尝试连续做 2~3 次循环性叹息，还可以加入短时屏气，即吸气，然后屏住呼吸 3~4 秒钟，然后再次吸气，短暂屏住呼吸，再放松地深呼气。

为何做：叹气是一种人体的本能反应，能帮助我们维持体内平衡并调节呼吸。加州大学洛杉矶分校的神经生物学教授杰克·费尔德曼博士指出，我们大约每 5 分钟就会自然地进行一次深呼吸和叹气，这对肺部健康极为重要。在深度睡眠期间，我们同样会不自觉地叹气。

通过有意地叹气，你可以迅速获得叹气这个生理反应的益处，因为扩张肺部让你能排出更多二氧化碳（体内二氧化碳含量过高与焦虑情绪有关）。斯坦福大学的神经科学家、副教授安德鲁·休伯曼博士，同时也是《休伯曼实验室》（*Huberman Lab*）播客的主持人，研究了叹气及其对情绪、焦虑和睡眠的影响，并表示："据我们所知，'生理性叹息'是一种特殊的叹气方式，是人们有意识地恢复身体平静的最快捷方式。"

我们在感到焦虑时往往会过度呼吸或屏住呼吸，而生理性叹气是重新调整呼吸的一种有效方法。科学记者、《呼吸革命》（*Breath: The New Science of a Lost Art*）一书的作者詹姆斯·内斯特说：“这既不是安慰剂，也不是什么魔术，而是基本的生物学原理。”内斯特博士更喜欢将叹气与屏息结合练习，这是一位神经科学家向他推荐的方法。在斯坦福大学研究人员牵头的一项研究中，包括安德鲁·休伯曼博士在内的研究团队发现，每日练习 5 分钟的循环性叹息，能有效地提振积极情绪并降低睡眠时的呼吸频率，当这种练习能持续一个月时，效果尤为明显。休伯曼博士告诉我，每当他感到“过度警觉”或希望睡前放松时，他会主动叹 2~3 次气。当然，这并不是鼓励你整天唉声叹气，因为过度叹气也会释放过多二氧化碳，可能导致过度换气症状，并可能引发恐慌及其他类型的焦虑症。

叹气除了能带来前述这些身心益处之外，还暗示了一个更深远、充满希望的信息：无论面临什么挑战，我们都具备重置的能力，可以依靠人体非凡的生理机能来保持放松和脚踏实地的感觉。

吸气五次、呼气五次

何时做：在你的大脑飞速运转，而你想要获得身心的暂时放松时使用。

如何做：这个身体重置策略也被称为连贯呼吸或有节奏呼吸，是另一个能显著提升复原力的呼吸精细练习（当然，也有客户反映他们很难在恐慌之下保持特定的呼吸方式，这时候我会建议他们先从其他安抚性练习入手，比如听听音乐，或短时间的高强度运动，然后逐步过渡到有节奏的呼吸练习）。要尝试这个方法，请遵循下面的练习步骤：

1. 保持端坐姿势，背部挺直，肩膀放松，双眼可以轻闭或注视一个固定点。双唇轻合，用鼻子呼吸。记得要保持轻柔的呼吸（当我们感到压力时，会容易不自觉地用力呼吸，这会激活交感神经而非副交感神经）。
2. 缓缓吸气 5 秒，同时让腹部自然隆起。如果需要，可以在心中默数：一、二、三、四、五。
3. 腹部随着呼气自然收缩，在理想情况下通过鼻子呼气，同样持续 5 秒。
4. 持续此呼吸循环数分钟。

你也可以尝试利用引导音频来完成这个呼吸练习，我个人尤为喜欢包含了节拍器或钟声的录音，强烈推荐约阿希姆·诺尔的呼吸练习应用。

如果你想进一步强化复原力，可以每天抽出 15~20 分钟练习连贯呼吸。然后，还可以尝试将每次吸气和呼气的时间延长到 5.5 个或 6 个计数。

为何做：专注于自己的呼吸，保持缓慢而深沉的呼吸节奏，是一种历史悠久的治疗方法，也是冥想练习的基石，即便你没有接受过任何正规的正念训练，它也能帮助你有效地管理身心反应。具体而言，将呼吸频率降低至每分钟 5~6 次，能够增强迷走神经的活动，从而降低血压，并带来包括增加宁静感和恢复力在内的一系列生理益处。正如冥想大师兼研究者乔·卡巴金博士所言："不论发生了什么，只要你还在呼吸，你身上的正确之处就多于错误之处。"

精神科医生理查德·布朗和帕特里夏·格尔巴格合著了《呼吸的治愈力量：减轻压力与焦虑、提升专注力、平衡情绪的简单技巧》（*The Healing Power of the Breath: Simple Techniques to Reduce Stress and Anxiety, Enhance Concentration, and Balance Your Emotions*），并在整个职业生涯里致力于向经历创伤的人推荐呼吸练习。他们表示："呼吸能让你身心的每一个系统都变得更好。"几十年来，布朗博士一直致力于向难民教授治疗性呼吸技巧。"我们的文化似乎让人觉得任何不适都有药可医，但人人都拥有改变体内能量的非药物工具，"布朗博士告诉我，"呼吸让我们与自己建立联系，还能改善我们与他人的关系。"

尝试盒式呼吸法

何时做：在你身处艰难的环境中，并想要找到一个集中注意力和获得更多内心宁静的方法时使用。

如何做：盒式呼吸与有节奏呼吸相似，但在吸气和呼气之间加入了屏气环节，这是美国海豹突击队用来迅速从应激状态恢复平静的技巧。先通过鼻子吸气，同时默数到四，感受空气充满肺部的过程，接着屏气 4 秒钟，不要刻意压迫嘴巴或鼻子。然后慢慢呼气 4 秒，再次屏气 4 秒。重复这一循环数轮，逐步将屏气时间增加到 5 秒、6 秒或 7 秒。保持练习，直至能够每天一次性完成 5 分钟的盒式呼吸训练（如你需要额外帮助，可以尝试约阿希姆·诺尔的呼吸应用程序）。

为何做：如上所述，放慢呼吸节奏对我们的自主神经系统有积极作用。自主系统负责调节心率、血压和消化等生理功能。此外，它还能安抚大脑的中枢神经系统——身体的处理中心，管控我们的思考和感知能力——以及情绪状态。我非常喜欢科学记者詹姆斯·内斯特描述呼吸与情绪联系的方式："我们之所以焦虑，是因为我们呼吸过度；而呼吸过度的原因，则是我们感到焦虑。"研究显示，减少每分钟呼吸次数的技巧能刺激大脑中控制冲动的区域的活跃度，还能舒缓悲伤、愤怒等情绪。实际上，放下所有引发焦虑的事务，投入数息和屏气的交替波动模式，本身就是一种令人身心愉悦的实践。

保持半微笑状态

何时做：在你想迅速提升自己接受现状的能力，而非抗拒现实时使用。

如何做：首先放松你的脸部、颈部和肩膀。想象眼睛周围的空间变得柔和，就像在抹去眉宇间的紧张。然后轻微地提起嘴角，做出半微笑的样子（可能看起来更像是嘴角的轻微扬起）。这样做可以释放额头和下巴的紧张感。你的面部表情应该给人一种宁静的感觉，而不是像在照相时摆出“茄子”那样夸张的表情。你可以照镜子检查自己这时候的表情，你的眼睛应该看起来在平和地微笑。你可以在任何令你感到紧张不安的场合完成这个半笑练习，比如堵在路上或独自走进派对场合时。

为何做：我认识的许多辩证行为疗法治疗师以及我自己，在大多数时间里都会尝试保持半微笑的状态。这种情绪重置技巧源自面部反馈假说，这个理论认为面部表情能够影响我们的情绪状态，而留意自己的表情，并且轻微地扬起嘴角，就是开始提振个人感受的良好途径。斯坦福大学的尼古拉斯·科尔斯博士牵头了一项吸引了来自 19 个国家共 3800 名参与者的研究，这项研究的结果显示，那些调整了面部表情，让自己显得更快乐的人，就因为这个微小的举动，而更频繁地体验到了更强烈的积极情绪。

但请你记住，半微笑不是假笑，它的目标是让你提振情绪，而非敷衍他人。当然，将脸上的郁郁寡欢转变为半微笑，同样能使他人感到放松。一位年过八十且与孤独症抗争多年的女士告诉我，她很惊讶地发现半微笑能如此迅速地改善她的生活质量。在纽约市的同一栋公寓楼里与邻居共处了几十年之后，她终于能够通过半微笑，与那些天天碰面却从未交谈过的邻居建立了联系。

抬高双腿靠墙休息

何时做：在你需要暂时摆脱身体或精神上的重负，休息几分钟时使用。

如何做：选择一个平坦的地方，仰卧躺好，头下可依个人喜好垫放枕头，然后将臀部向墙壁方向移动，让双腿尽可能地垂直靠墙。你的身体应形成一个接近 L 形的角度，同时注意不要紧扣膝盖。手臂可以随意摆放，舒适即可，你可以一只手轻放在胸口，另一只手置于腹部，或者让双臂自然地向两侧伸展，形成 T 形。摆好这个恢复性的姿势后，保持几分钟（如果你觉得音乐有助于放松，可以播放一些音乐）。完成练习后，先慢慢翻转身体向一侧，然后缓慢坐起，舒适地静坐 1 分钟，然后再回归日常事务。为了获得更加宁静的体验，你可以进一步放缓你的呼吸节奏，同步完成身体重置策略“吸气五次、呼气五次”的练习。

为何做：久坐或久站都可能会影响血液循环。然而研究表明，将双腿举高过头部可以减缓心率并促进血液流动（如果你存在未控制的高血压，请在尝试这个练习前咨询医生）。许多瑜伽练习者还发现，倒立体式——双腿高于上半身的姿势——能够有效缓解下背部的疼痛。此外，这种姿势还有助于放慢呼吸，这不仅能让人感受到更快的恢复，而且已被证明能帮助你做出更明智的决策。我喜欢这个练习，因为它会迫使我们减少活动，而非增加活跃程度，同时还能采用一种向上的视角。这个练习的另一个好处是，它允许你放松身心，但同时不会诱使你打盹。

拓宽视野

何时做：在你试图说服自己"不要再担忧"，但却发现自我安慰无效时（通常情况下，自我安慰都没有什么效果）使用。当你身处令你坐立难安的环境，感觉被束缚或困住时，也可以使用这个方法，比如在家庭聚会上，有人大放厥词，表达令你感觉不适的政治观点。

如何做：简单地拉远视线，转变成以一个更放松的全景视角观察你身处的地方。你甚至不需要转动头部就能做到。你还可以尝试三点关注法，即关注三处视觉景象、三种声音或三种感觉来拓展关注力范围。依次关注你看到、听到或感觉到的每个事物、声音或感受，一次一个，无须批判。请注意，这不是一个创造力测试，如果你身处一个安静的环境，唯一能注意到的声音是自己的呼吸，也没关系。不要急于求成地寻找或追逐感觉，而是静待它们自然地到来。

为何做：人们在感到压力和不知所措时，瞳孔会放大，视野会收窄（这是战斗或逃跑反应的结果），这会让我们感到陷入困境。通过改变眼睛的聚焦方式（也就是采用更宽广的视野）和重新训练注意力的专注之处，就可以有效缓解压力反应。这个练习的额外好处包括：将焦点放在远处的一个点上，能有效抵消多任务处理带来的压力；学会转移注意力，摆脱困境，采取更宽广的视角，尤其是那些令人愉悦的视角，是将自己从消极的自我关注中解放出来的好方法。许多人总是试图在艰难时刻强迫自己心怀感激，但我的客户们发现，当允许身体的感官发挥主导作用时，他们更容易发自内心地感受到惊奇和感激之情。

用触摸安抚自己

何时做：在你需要一个拥抱时使用。

如何做：首先，深呼吸几次，专注感受你吸入的温暖空气以及双手放在膝盖上的压力感。然后，举起右手放在左胸上（心脏上方的位置），左手放在腹部，保持 20 秒钟。

为何做：从我们呱呱坠地的那一刻起，肌肤接触就能给我们带来深深的慰藉。经常拥抱能降低血压、心率和皮质醇水平，甚至能增强免疫力。如果周围有人可以给你拥抱，你可以厚着脸皮要求拥抱（拥抱带来的感觉通常比不受欢迎的建议好太多了）。但是，如果周围没有人，你仍然可以从给予自己温柔抚摸的力量中受益。在一项研究中，研究人员给参与者提供了一些颇有压力的任务，包括发表简短演讲，以及从 2043 开始以 17 为单位倒数。接下来，研究人员将参与者分成三组，分别接受研究助理的拥抱、练习前述手抚心口的技巧或制作纸飞机。结果发现，拥抱和手抚心口这类无风险且随时可用的自我安抚行为，能迅速降低皮质醇水平。

行为重置策略 ▶▶▶

停下就好

何时做：在你感觉情绪控制了你的行为和生活时使用。

如何做：与其在情绪驱动下放弃更理智的判断力，陷入令你倍感压力的行为模式，你可以使用STOP（停止）技巧来中断不良行为，调整行动方向。你只需温柔地提醒自己停止冲动行为并遵循下面的指令：

慢下来（Slow down）

退后一步（Take a step back）

观察（Observe）

有意识地行动（Proceed mindfully）

为了取得更好的效果，你可以在便笺上写下STOP或买一个STOP标志或可爱的贴纸，帮助你停下自我毁灭的冲动行为，比如在情绪上头时说一些充满敌意的话或是故意拖延数小时。

为何做：当你的大脑和身体高速运转，仿若以时速一百公里狂奔时，你不可能拥有损害控制的余地。这时候，你需要温和地鼓励自己停下来，避免因情绪驱动的冲动行为致使事态恶化。

很多人告诉我，他们觉得自己根本停不下来，尽管这种想法值得注意，却不应被理所当然地接受。事实上，大多数人都将发现，只要多加练习，停下冲动行为是可能的。掌握这个行为重置技巧还有一个额外好处：你应用得越多，就越能强化自我管理的能力，培养更健康的习惯。更令人惊奇的是，在生活的一个领域实现的自我控制，其好处可以扩展到生活的其他方面。

如果仅仅想到“停止”这个词就让你想要反抗，你可以选择一个对你更有吸引力的词来替代它，比如“尊重”（RESPECT）——甚至可以随着艾瑞莎·富兰克林的歌曲旋律拼出这个词，这能帮你深刻记住，自尊最终会让你获得自由。

驾驭冲动

何时做：在你想要摆脱耗费时间和精力的各种不健康诱惑时。

如何做：身处压力之下时，我们会感觉如果不按照冲动行事，这种冲动就将永远持续下去，耗尽我们的意志力。但无论你受困于什么冲动，不管是在希望控制血糖的时候专门绕远路去买一大盒冰激凌（又没控制住自己），还是沉迷于社交媒体，或是脱口而出一些事后令你懊恼不已的事情，学会驾驭这些冲动将帮助你减少挣扎。这个方法也被用来帮助那些药物成瘾患者防止复发。具体做法如下：

- 观察并描述冲动的细节，如冲动出现的时间、你的想法、身体感觉以及冲动的强度。
- 大多数人会注意到，如果他们不是过度专注于诱惑他们的事物，而是能够将注意力转移到其他事物上，他们的冲动更像是波浪（见图A），有起有落，而不是持续加强、呈上升的斜坡（见图B）。

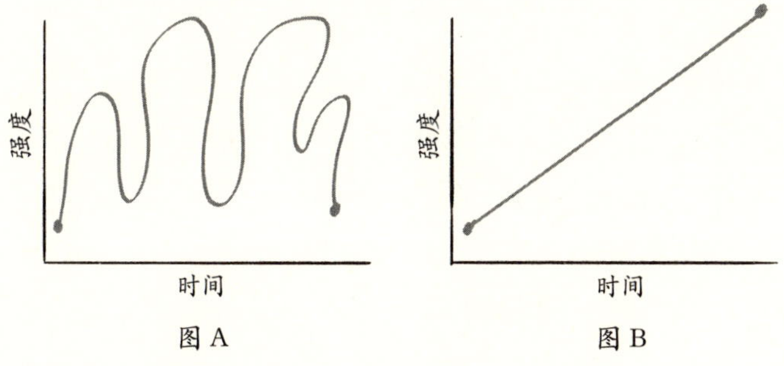

图A　　图B

○ 提醒自己，屈服于冲动并非必然——冲动如潮水般起伏不定，来得快去得也快。你可以通过接纳它们并从一定的距离观察它们来“驾驭”这些冲动，而不是自动地与之互动或对它们进行评判（例如，“情况变得更糟了——我无法忍受这个”）。

○ 如果你意识到是无聊在助长你的渴望，或者你仍然过度专注于诱惑本身，那就转向一项你喜欢的健康活动，如观看一集最爱的新电视剧，或沉浸在一本引人入胜的书中，或者出门去散步，以此转移注意力。

为何做：“驾驭冲动”的概念最早由心理学家艾伦·马拉特博士提出，他专注于减轻伤害和成瘾领域的研究。这是一种能够舒缓因渴望导致的不适感的方法，与接受稍纵即逝的想法、身体感觉和情绪相似，将正念意识带到诱惑上——并认识到它们同样是短暂的——就可以增强我们抵制诱惑的能力。在太平洋大学副教授、心理学家莎拉·鲍文主导的一项研究中，在面对一系列触发因素（包括将香烟放在嘴中）的同时密切注意自身的思想、感受和冲动（不进行评判或尝试改变它们）的吸烟者，在接下来一周内的吸烟量明显少于对照组，尽管两组人员经历了类似的吸烟冲动次数，而带来这一显著改善的仅仅是时长 11 分钟的驾驭冲动练习。长期练习这个行为重置技巧，不仅能够帮助你节省时间和精力，还能使你发现自己可以选择如何应对内心的渴望。

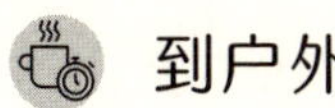

到户外走走

何时做：在你陷入反刍思维或感到困顿时使用。

如何做：出门前做好心理预设，下定决心将令你倍感压力的事情留在家里。你的目标是全身心地投入散步的过程中，如果能够确保安全，不妨把手机留在家里。设定一个至少快走 10 分钟的目标，如果能同时在大自然的怀抱中放松身心，那就更好了。

为何做：正如你已经亲身体会到的，散步、置身于自然之中、确保全身心放松，能极大地开阔心胸，提升整体状态。而三者的结合，就是对自身的健康和福祉做的一项绝妙投资。在一项功能性磁共振成像大脑映射研究中，那些置身大自然并散步 60 分钟的人，其杏仁核（主管情绪反应的大脑区域）的活跃度降低了。即便你只是出门散步 10 分钟，只要你全身心投入，同样能取得积极效果。在大自然中放松身心，还能提振正面情绪，减少过度思考。人们总是觉得自己没时间休息，但专注的注意力和换个环境，有时候就能帮助你摆脱困境。已经有研究表明，散步不仅能令你的思维更清晰，还能刺激创造力。如果让自己真正沉浸和享受周围的环境，你就会意识到，生活远不止眼前令人烦心的事情，只要愿意花几分钟去欣赏周围的美好，就会发现生活远比想象的精彩。此外，散步还能降低患癌症和心脏病的风险。在调查了超过 196 项研究后，人们发现每天快走 11 分钟就能显著降低死亡风险。

成为自己的 DJ

何时做：在你感觉焦虑，备受疼痛折磨，或想要提振心情时使用。

如何做：首先，确定你感受到了什么情绪以及它的强度如何。然后，播放马可尼联盟的环境音乐歌曲《失重》（*Weightless*），这是一首专门为带来平静情绪而创作的歌曲（你可以在大部分主流音乐流媒体服务平台上找到这首歌，其背景是一幅宁静的风景画）。设定 5 分钟的计时器，在这段时间里全神贯注地聆听音乐。如果你开始评判自己是否喜欢这首曲子，或者怀疑这种重置方法是否有效，那就更投入地聆听，记住你可以在计时结束后再回过头来评估体验。聆听结束后，重新评估你的情绪及其强度。

最后，为自己创建一个个性化的歌单，挑选符合自己心境的歌曲，比如在感觉压力过大时选择放松身心的歌曲，或是在起床困难的时候选择更有活力的歌曲。我的一位客户在即将出发参加社交活动前，如果因自己的外表而感到不自信，就会选择听莉佐的歌。记得定期更新你的歌单，以保持新鲜感，而且挑选心爱的歌曲本身就是一种乐趣。

为何做：研究早已证明，音乐能显著影响人们的情绪。在宾夕法尼亚大学的一项研究中，接受外周神经阻滞的术前患者可以选择听《失重》，或者接受苯二氮䓬类药物来平静情绪。令人惊叹的是，这首宁静的音乐在缓解患者的紧张情绪方面取得的效果几乎与药物并无二致，且没有任何副作用。该研究的负责人维娜·格拉夫博士告诉我：“《失重》被认为是有史以来最令人放松的歌曲之一。”她补充解释说，马可尼联盟已经与声音治疗师合作，联手强化了这首歌曲对情绪的影响力。他们在志愿者身上进行了测试，发现在听歌期间志愿者的血压和心率均有所下降。

然而，并非所有类型的音乐都能在任何情境下发挥积极效果。举例来说，如果你感到情绪低落，再去听一首与自己心情相呼应的歌曲（比如一首表达痛苦分手情感的民谣），就不太可能像听一首节奏明快的歌曲那样，得到情绪显著改善的效果。在一项探讨音乐如何触动情绪的研究中，研究人员先要求参与者听3分钟的悲伤音乐（节奏缓慢，小调式）或欢快音乐（节奏轻快，大调式），然后发现音乐似乎能够唤起相应的情绪。另一项研究则发现，那些自认为“需要帮助且喜欢自我批评”的人，在聆听欢快音乐后，显著改善了对自己的看法。

研究还发现，音乐能够有效舒缓压力之下糟糕的身体和情绪状态。神经学家兼作家奥利弗·萨克斯曾精辟地总结说：“音乐能够将我们从抑郁中拯救出来，也能触动我们内心的痛处，令我们不禁泪流满面——它可以是一剂解药、一种补品，也是滋养耳朵和心灵的甘泉。”

打造希望工具包

何时做：在你发现自己过度沉迷消极情绪，怀疑自己掌控生活的能力，或对自己的生活或世界的现状心生绝望时使用。

如何做：设想一下，如果你要收集能令你充满希望和喜悦的东西，你会收集什么？是振奋人心的照片，鼓舞人心的名言，动人的歌曲，还是贴心的卡片或留言等纪念品？确定之后就开始着手收集吧！你还可以列出一份活动清单，它们需要能够激发你的希望或改变你的心态，比如上课、进行 5 千米长跑训练、仰望夜空、玩拼图或看你最喜欢的搞笑视频短片。

将这些物品、照片和其他纪念品，以及列出的活动清单收集起来，放在随手可取的地方。当你需要一线希望时，花些时间浏览你的收藏夹，尝试清单上的某项活动。如果你发现自己产生了消极的念头（比如："这到底有什么意义？"），就让它们随风而去。同时，请随时为这个收藏夹添加新的物品和想法。这个策略的额外好处是，关注能够培养希望感的事物，本身就能滋养希望之火。

你还可以创建一个方便携带的希望工具包，比如一个包含你最喜爱照片的幻灯片、一个加了书签的视频片段，或者手机上的一条充满鼓舞人心提醒的笔记。如果你喜欢使用应用程序，可以下载被证明显著有效的"虚拟希望箱"应用，它包含了能够为你量身定制的工具，帮助你提升情绪应对效果、放松身心和分散注意力。

为何做：你可以将希望工具包视作绝望时刻的急救包。加拿大阿尔伯塔大学专注于护理和生活质量研究的教授兼研究员温迪·杜格比博士进行的一项研究发现，创建希望工具包显著提升了癌症晚期患者的乐观情绪。在美国国防部心理学家兼研究员奈杰尔·布什博士领导的研究中，接受心理健康治疗以抑制抑郁和自杀倾向的退伍军人反馈称，与对照组相比，他们在利用虚拟希望箱应用程序时，应对不愉快情绪和想法的能力有了显著提升。

如果你心存绝望情绪，便容易陷入"不成功、便成仁"的极端思维模式，比如幻想自己永远无法达成目标，然而实际上你有很大概率可以实现这些目标，尽管实现的时间或许晚于你的预期。你还可能会认定某人总是令你失望，但实际上他为你提供可靠支持的能力可能时强时弱。提醒自己记住那些重要的人和经历可以帮助你看到，生活远不止眼前的苟且，还有美好的诗与远方。我个人的做法是，在书桌上摆放已故的祖父母的照片。在照片里，他们怀抱着仍是婴儿或幼儿的我。这些小小的相框提醒我，我无须完美，也无须取得任何成就，就值得被爱。我还在电脑旁放了我的马拉松奖牌，以提醒自己，只要持续迈出一小步，我就能实现重要的梦想，即便它们看起来遥不可及。

提升行为意愿

何时做：在你陷入了喃喃自语（或大喊大叫）；感到沮丧或固执；拖拖拉拉或走向另一个极端——为追求完美而用力过头、试图控制一切的时候使用。

如何做：充分激发和利用主观意愿，即调动身心去做当下需要完成事情的能力，尤其在你心生抗拒之时。想象一下，你在一家超市工作，一位顾客不小心打翻了一瓶意大利面酱，酱汁溅了满地。这本身就已经够糟的了，该顾客还一副理直气壮的样子，颐指气使地要求你赶紧过去清理。如果你要表现出与人生目标一致的行为，你将如何应对？我猜如果你愿意表现得乐意帮忙收拾残局，哪怕只是为了避免其他顾客滑倒，最后的结果肯定也会比整个下午都因此而闷闷不乐好得多。

回想那些你曾感到固执己见（不够灵活且效果不佳）的时刻，以及那些你感到充满积极助人意愿（随时准备好采取助人行动或做出回应）的时刻。你能发现这两种情况之间的区别吗？如果你和我或我的客户一样，我敢肯定，不管随性而为的感觉有多么自然和合理，选择积极助人的意愿（且当这种意愿与你的人生价值观相符时），一定会让你感到自豪。

请留意自己在生活中何时会变得固执己见，先承认自己的顽固，然后选择放手，展现出开放灵活的心态。退后一步审视所处的情境，并问自己在积极助人的心态下会如何做，然后采取相应的行动。如果你觉得达到这种开放心态和行动意愿似乎仍遥不可及，可以先在心理上预演这些行动，并以此为出发点慢慢调整。

为何做：我们难免都有需要收拾烂摊子的时候（不管是棘手的人生或是乱糟糟的屋子），但我们可以选择顺势而为（就像棕榈树顺从自然的力量随风而摆那样），也可以选择抵抗和崩溃，继而错失获得真正渴望结果的机会。灵活行事并不是压抑自己的感受，而是要意识到什么样的行动才能让自己获得内心的宁静，帮助自己实现人生目标。如果你认为这样做有违自己的本性，那么你要知道，“积极助人”是一种可以学习的技能，在辩证行为疗法中教授这项技能旨在增强我们对痛苦的容忍度，你可以利用它来应对艰难时刻。

 适当断联，远离信息轰炸

何时做：在你无法集中精力，感觉被迫同时承担多项任务，且压力已经严重影响到你与生命中重要的人的互动，或影响到你独自休闲时光的放松时使用。

如何做：抽出一个特定时间段，让自己脱离信息平台，更多地活在当下，比如在你不需要立即回复私人信息或工作邮件时（如工作日下班后，你正在放松身心的时段，或者当你想要心无旁骛地投入工作时）。在这段“离线”时间里，把你的手机（和其他通信设备）放到看不见、够不着的地方，退出电子邮箱。如果你担心无法及时响应信息并为此感到焦虑，花点时间确定你到底在害怕什么，是害怕自己落后？还是担心再上线后要面对收件箱里堆积如山的邮件？又或是担心自己的个人生活会脱离了圈子，因而无所适从？暂时将这些担忧放到一旁，结束断联休息后再看看实际上发生了什么。

如果你期望大幅提升沟通效率并取得这个策略的最佳效果，不妨考虑设定固定的信息查阅时段。研究发现，相较于随时随地查阅，在提前规划好的时段查阅电子邮件带来的压力要小得多。你也可以开动脑筋去想办法减少不必要的沟通，比如用一通简短的电话取代反反复复的邮件往来。

如果你担心因回复不够及时而遭受他人的批判，可以在深思熟虑后，向他们清晰地传达你的沟通回复计划，让他们了解何时可以期待收到你的回复。另一个办法是告诉朋友们，你更愿意专门留出

时间，进行实时而深入的交流，而不是在一天中不断发送零碎的信息。同时，确保随着沟通需求的变化，重新审视和调整你的沟通策略和目标。

为何做：即便你相信紧握电子设备，随时掌握最新动态，并即时回复信息有助于提升工作效率，但长时间保持“在线”状态只会令你精疲力竭，还会严重影响你的人际关系。令我倍感痛心的是，在很多现代人眼中，当着别人的面回复信息已经是一种常态，然而这只会令许多人的孤独感与社会脱节感加剧。研究表明，在吃晚餐时把手机放在桌面上（即使没有使用），也会显著地减少快乐，降低互动的专注性。同样糟糕的是，把智能手机放在视线范围内，就会导致“脑力流失”，影响你的认知能力和专注力。

摆出一副全天候待命的姿态，会令你觉得自己必须随叫随到，这种巨大的压力不仅会引发焦虑，还会令你变得效率低下，因为如潮水般涌入的海量信息势必会瓜分你的注意力，令你无法专注于最重要的任务。我逐渐意识到，即时回复信息并不会清空收件箱，反而可能让碎片化的信息不断涌入。

正如大多数人已经体会过的那样，堆积如山的电子邮件，或感觉收件箱已经爆满，自己已经不堪信息之重负，都会带来显而易见的巨大压力。研究显示，人们每天查看电子邮件的次数多达 74 次，且每隔 10 分钟就要停下手头的事情查阅信息，这就造成了严重的时间碎片化——这个术语由作家布里吉德·舒尔特创造，意味着我们生活中有意义的时刻，已经被涌入的信息切割成毫无用处的碎片。

在我自己的生活中，我经常发现短信和电子邮件同样会打乱我的计划，因此我致力于在预先规划好的沟通时段，集中查阅和回复信息。

归根结底，我们都渴望得到他人的关注和自我价值的确认——那么为何不向他人赠予这份礼物呢？这听起来似乎是不言自明的道理，然而对于许多人而言，抵制这些导致分心的事物并非易事。社交关系是压力的缓冲器，而电子设备却是压力的制造机，因此放下电子设备，切断电子信息的轰炸似乎是一个双赢之举。如果你仍怀疑改掉随时查阅信息这个习惯是否真的有价值，不妨看看下面的研究成果。一项研究要求大学生在一周内减少或彻底戒掉智能手机的使用，结果发现，学生们不仅做到了，而且与没有改变使用习惯的对照组相比，他们的生活满意度和身体活动水平都有了显著提升。此外，他们的焦虑和抑郁症状得到了缓解，这些益处甚至在数月后仍然显著。

暂时远离社交媒体

何时做： 在你感觉不堪重负，觉得一天的时间不够用，或是你正在经历悲伤、孤独或嫉妒，不妨尝试这个策略，借此改善心情、提振情绪。

如何做： 在浏览社交媒体之前，不妨先做自己的行为科学家，追踪自己的想法和情绪。你感到无聊、焦虑不安、疲倦吗？滑动屏幕浏览一阵后，注意并记录下自己的想法和感受，你是否感到筋疲力尽、暴躁易怒、不安全、嫉妒？

然后，更深入地反思你的社交媒体使用习惯带来的利与弊。如果你发现了明显的好处（例如，感觉与老朋友联系更紧密）或不良后果（例如，每周损失 10 小时，感受到错过恐惧症），可能就可以采用更有效的方法来减少或戒掉社交媒体，比如每周通过电话、短信或电子邮件主动联系 3 位朋友。

设定一个切实可行的社交媒体戒断目标，比如暂时停用所有社交媒体平台一天或一周，观察自己的感受如何，还可以选择设定使用社交媒体的时间限制（例如，每天下班后只使用 30 分钟），请你多尝试几种不同的方法，找出最适合自己的方式。

如果你的目标是暂时远离社交媒体，可以考虑从移动设备中移除相关应用程序，降低诱惑。你可以尝试下载和使用能够阻止你在手机和电脑上浏览社交媒体的应用程序，或者考虑购入能够将移动设备定时锁起来的容器，让你能够在晚餐时真正与亲人共处或专注于工作。尽管这些方法可能看起来有些过头，但我所认识的那些极其高效的人，正是依靠这些辅助工具来重获专注力的。

最后，整理一些你需要快速休息，暂时远离社交媒体时可以做的活动，它们应该既令你感觉有趣，又能带来收获感，比如读一本好书或是跟朋友打电话聊天。

为何做：请你定期审视自己的习惯和行为，看看它们是否真正地为你服务，令你的生活更加充实多彩，尤其当你的习惯包括逃避自己的生活现实，关注或沉迷他人的生活方式时。在社交媒体上看到各种光鲜亮丽的照片，看似人人都过着完美的生活，只会加剧你的挫败感。很多人已经发现，社交媒体会诱发压力重重的攀比，诱使我们购买更多不必要的物品或是做更过火的事情来让自己更完美，这与我们在放松自我（刷社交媒体的初衷）时应该体验到的满足感截然相反。因此，研究人员发现，为期一周的社交媒体屏蔽能有效减轻抑郁和焦虑感，增强幸福感，也就不足为奇了。再想想你能因此节省出多少时间：人们平均每天在社交媒体上花费 147 分钟，相当于每周 17.25 小时，每个月近 70 个小时！（但也不要因此而自责——社交媒体的算法，本身就是为了瓦解你的意志力，让你沉迷其中无法自拔。）将更多的时间花在令你快乐的事情上，岂不是更有意义？

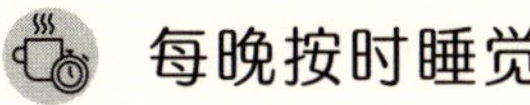

每晚按时睡觉

何时做：你没能按时上床睡觉的原因有很多，比如感到压力巨大，想要做完更多事情，或是因为白天事务安排得太满，想要睡前留点自由时间给自己（这也被称为“报复性睡前拖延症”），抑或玩手机到忘了时间又或沉迷追剧，甚至是因为担心无法入睡，这时候你就需要运用这个重置策略了。

如何做：花几分钟想想你做了哪些可能影响睡眠质量的事情（例如，将手机放在床头或床边，大半夜还在看电视，临睡还在摄入咖啡因，晚餐时喝酒了），然后确定你可以采取哪些措施来减少这些行为（例如，把手机放进衣柜里，只在晚上 9 点前看一集电视剧），此外还要考虑应该在什么时间关灯上床才能获得最充足的睡眠（大多数人通常需要 7~9 个小时的睡眠），还要算算自己从准备上床睡觉到进入睡眠状态需要多长时间，然后将这些时间也加入考虑范围。你可能需要设置一个闹钟，确保有足够的时间完成睡前的各项流程。如果你发现很难坚持入睡计划，可以制作一个利弊分析清单并练习提升行为意愿。

为何做：压力与睡眠不足的结合作用，会给你带来严重的不良影响，就好像饥肠辘辘时去超市购物，或是已经微醺还想再来一杯酒。同样地，在辛苦劳作一天后，你的思维也会变得相对迟钝，这时候还要理性地坚持科学的睡眠时间就变得很困难。正如宾夕法尼亚大学行为睡眠医学项目主任迈克尔·佩里斯博士喜欢说的那样："当你的理性已经入睡，但你人还醒着，这就是个大问题。"这就是为何在睡前做好入眠的心理准备，并致力于尝试入睡的方法很有帮助，就好像为了确保你早上能起床锻炼，提前准备好运动服放在床边一样。

尝试这个重置方法的另一个强大理由是，如果你每晚睡眠时间不足 6 小时，白天清晰思考的能力就会严重受损。研究显示，睡眠不足还会导致皮质醇水平升高，进而影响免疫系统、血压和新陈代谢。我的许多客户发现，尽管我们似乎都在熬夜做些"有趣"的事情，但实际上它们只会令我们感觉更糟，提高不良行为发生的风险。

睡眠不足还会导致持续的坏心情。相反地，获得充足的睡眠能有效改善抑郁情绪，帮助你更好地应对生活压力。因为良好的休息能令你身心充满活力，而且这也意味着你不需要在第二天早上赖床、工作时间打盹或晚上早早上床来弥补前一晚糟糕的睡眠，因为这些弥补措施可能适得其反。解决问题的关键在于保持规律的睡觉和起床时间（详见下一个策略）

如果你在调整生活（尤其是睡眠）习惯一周后，睡眠问题仍然存在，那么我强烈推荐你尝试 6~8 次的专门针对失眠问题的认知行为疗法，我们将在第三章中讨论这种疗法。它能让睡眠质量提升效果显著，且无须依赖药物治疗。

每天按时起床

何时做：因为晚上入睡困难，所以你习惯性地通过睡懒觉来弥补睡眠的不足，又或者因为睡过头，而在一天工作刚开始时就感觉时间不够用，这时候你就需要使用本策略。

如何做：先想想你需要多少小时的睡眠（一般来说，大多数人都需要保证 7~9 小时的睡眠）。然后规定一个你觉得符合实际且自己能坚持的起床时间（周末可以允许自己赖床一小时）。花点时间思考什么东西能帮助你按时起床（比如，按时上床睡觉、使用没有延迟响铃功能的简单闹钟、把手机放到另一个房间、开灯、拉开窗帘、提前安排很早的行程）。然后再反思导致你起不来床的原因是什么（比如熬夜不睡觉、为了多睡几分钟反复按掉起床闹铃、躺在床上漫无目的地玩手机、睡回笼觉、除自我谴责外几乎不存在其他的惩戒机制）。

睡觉前，你可以在心中模拟准时起床的情形，并保证即使没睡好也要按时起床，如果你觉得自己一个人做不到，可以找一个人来监督你，或者在按时起床后奖励自己一杯咖啡，甚至可以设定一些惩罚措施，假如你没能按时起床，就要给一个令你反感的慈善机构捐款 30 元，这种惩罚措施对很多人来说是一个有效的激励。在你成功地做到按时起床后，可以在上午抽空思考一下，你在预设的最佳时间起床对你的自我效能感有何影响。

为何做：当你感觉精疲力竭时，确保良好睡眠的最佳策略反而是按时起床，这看似有违常理，但选择赖床只会令你陷入导致持续失眠的恶性循环。反过来，制定并坚持一个科学的作息时间表，可以让身体的生物钟充分发挥作用，帮助你维持更合理的睡眠习惯，其作用有点像克服时差的过程。

将按时起床视为一个机会能帮助你意识到，即使要做到这一点非常困难，你也可以相信自己，为自己和他人撑起一片天。如果你还有一整天繁忙的日程在等着你，按时起床也让你知道自己不必匆匆忙忙出门、追赶工作进度或想方设法地编造迟到的理由，这也会令你感觉身心更放松了。

一次实现一个小目标

何时做：在你感觉任务多到不堪重负，或忙于同时处理多项任务，无暇顾及个人目标，并因此导致拖延症时使用。

如何做：将心里悬而未决的所有事情都落到纸面上，方便你更轻松、便捷地查看和处理待办事项清单。确定哪些事情最令你焦虑、哪些事情最为紧迫。如果不存在紧迫任务，可以考虑从一件完成后会令你心情很好，但难度又不太大的任务开始着手，以此逐步建立信心。

选定一项待办事项后，将其细化为一个 SMART 目标。SMART 是具体的（Specific）、可衡量的（Measurable）、可达成的（Achievable）、现实的（Realistic）和有时限的（Time-sensitive）的缩写。具体做法是：不要只要求自己写一份让老板刮目相看的备忘录——这个目标既模糊又令人畏惧，而应该设定一个具体而合理的目标，例如在 20 分钟内，快速总结你搜集到的信息。同时确保你已经排除一切干扰因素，比如将手机放入抽屉，关闭电脑上的所有标签页，为自己营造一个成功实现这个目标的环境。每次都专注于一个任务是完成艰巨工作的唯一方法。

当你出现分心的想法、拖延的冲动或不适的情绪时，要注意到它们的存在，然后继续坚持完成选定的任务。你也许可以将目标重新定义为自我管理而非追求完美。一旦任务完成，你可能会发现，自己的精力得到了恢复，足以选择另一项任务，那就去做吧！此外，你可以将任务安排在特定的时间段内，这样你就可以将堆积如山的工作转变为一个可行的工作计划。

为何做：如果你能将逃避的行为转换为解决问题的有效技巧，就能摆脱越积越多的待完成事项以及与日俱增的压力。这有点像刷信用卡疯狂购物那样——“刷卡一时爽，还款火葬场”——拖延或许能带来短暂的自由，但后果是你要付出高昂的代价。学会解决问题，不仅能有效地释放压力，还能提振完成任务的自信心。

很多人花在纠结如何做完事情上的时间，远超于真正去做事的时间。因此，我有时会刻意要求存在拖延症的客户，在咨询期间完成一项看似不可能的任务，比如草拟一个简单的大纲。结果，他们不仅没有如自己预想般陷入恐慌，反而在着手进行并完成后，油然而生一种自豪感。尽管逃避不适、寻求快乐是人之天性，但知道自己可以采取切实的行动，朝着既定的目标迈进并付诸实践，才是让自己从“我做不到”思维中解放出来的最佳方法。

有条不紊地逐项完成待办事项，也能令人心情愉悦。具体而言，一种被称为“问题解决疗法”的心理治疗方法，能够帮助人们明确目标，并将其分解为可实现的小步骤。研究发现，这个方法能有效缓解抑郁症状。约翰·莫伊尼汉警官是波士顿警察局的一名警探，他在执行任务时面部中枪，面临着漫长的康复之路。经过七次手术后，他仍然难以行走和保持身体平衡，因为从耳朵里取出的子弹伤到了他的前庭系统。他告诉我，设定一个需要完成的目标对他很有用。对他来说，这就是每年夏天在鳕鱼角完成的 11 千米赛跑。每天他都会进行运动康复训练和强化体能，为这次赛跑做准备。莫伊尼汉警探告诉我："如果有人一次专注于做好一件事，而另一个人则同时专注于五件事，我敢保证，专注于一件事的人最终反而能完成更多事。"这些经验也使他成为导师，为警察提供关于复原力的培训课程。

但行好事

何时做：在你感觉丧失了生活的掌控权时，这个重置方法能通过培养一种主动性来抵消这种被动听从的感觉。同时，这也是一种有效的方式，让你对自己的行为和人生负责，而不是以压力为借口，放任自己对他人和自己不够体贴的行为。

如何做：以下是一些简单的想法，用以改善你身边亲朋好友的生活质量：

○ 给对你意义重大的事业捐款。

○ 想一想那些可能未受到关注或赏识的人，并主动与他们取得联系（例如，给倍感孤独的家庭成员打电话，或有意识地主动向面色疲倦的人打招呼）。

○ 特意从本地商店购买你需要的商品（你也可以选择在线购买）。

○ 在与同事或家人相处时，尽量保持更加愉快的态度，避免将压力无端转嫁给他们。

○ 给过去曾给予你帮助的人发送信息，比如曾为你写推荐信的老师，或帮你度过艰难时期的远方朋友，向他们表达你持续的感激之情。

○ 悄悄地为需要帮助的人帮个忙。

○ 挑选或亲手制作一些精美的贺卡，邮寄给你关心的人，并附上简短的手写寄语，只因为你想表达自己对他们的思念。

○ 给需要提振心情的人发送一条鼓励的语音信息或短信。

○ 寻找仅需一个上午或下午时间的志愿服务机会。

为何做：我们都知道深陷困境时，有人伸出援手有多好，但向他人伸出援手也同样重要。纽约州立大学布法罗分校的一项研究调查了 800 名经历过重大压力事件的老年人，并发现那些积极帮助他人的老年人，比如帮助家人做家务、帮忙照顾孩子等，因压力相关因素而死亡的风险较低。

从短期好处来看，帮助他人可以让我们避免陷入反刍怪圈，过度沉溺于自身问题，过度聚焦于自身的困境，或总是觉得他人过得更轻松等错误思维。正所谓赠人玫瑰，手有余香，帮助提升他人的福祉，还能提振我们自己的心情，增强我们的自尊，让我们感觉自己的人生更有价值。我的一位客户曾因堆积如山的医疗账单和没完没了地跟保险公司电话沟通而倍感沮丧，她发现利用空闲时间，挑选可爱的贺卡并寄给朋友，不仅能立即令她的心情好起来，而且在随后的一周里，只要想到朋友们打开这些卡片时惊喜的表情，她就会感到阵阵喜悦。由加拿大不列颠哥伦比亚大学的伊丽莎白·邓恩博士牵头的研究表明，为他人花一点钱，即所谓的“亲社会消费”，可以增强幸福感。在对世界各地的人进行的跟踪研究中，向慈善机构捐款的人比不捐款的人更快乐，程度几乎等同于收入翻倍带来的快乐。为了更充分地利用捐款带来的情绪提振作用，请你一定在捐款后花点时间思考你的善行可能带来的积极影响，以及全人类是如何相互关爱和命运与共的。

感激并依靠帮助你的贵人

何时做：在你渴望人际关系、不同观点或他人的认可，或感觉自己孤立无援，无法摆脱困境时使用。

如何做：在你尝试这个重置策略之前，花点时间评估自己的情绪强度（从 0 分到 5 分，其中 5 分代表最强烈）。如果你当前的情绪强度为 5 分，可能需要等到情绪平复后再尝试这个策略，因为当情绪处于峰值强度时，不管是倾诉自我还是倾听他人，都会很难做到。

想想你现在可以向谁寻求帮助，无论是朋友还是睿智亲切的亲戚（如果没有想到合适的人选，可以考虑尝试通过提供公共服务的电话热线寻求情感支持服务）。确定人选之后再想想哪种联系方式最适合，如果你想要找人说说话，可以选择打电话；如果你精力有限，可以选择发电子邮件或短信。我的一些客户发现，仅仅是给我发一封电子邮件，分享他们的情况，描述他们的情绪状态，讨论他们的应对计划，就能让他们在收到我的回复前产生一种联系感和依靠感。在寻求他人的帮助之前，先明确自己的需求——你是需要有人倾听心声？帮助你解决问题？还是两者都需要？没有人能读懂你的内心，所以要做好心理准备，具体说明你需要什么样的安慰。在你本就感觉艰难和挣扎的时刻，必然也不想因为表述不清而导致对方误解，最终反而令自己的处境雪上加霜。

当你与贵人联系上之后，请简要地分享发生了什么事情，并坚持陈述基本事实，而不应过度纠结于它引发的负面情绪，或将自己的压力强加给对方，这将严重削弱社会支持的益处。同时也要避免描述最坏的情况，因为这只会令你感觉灾难性的后果更加真实，并造成一种必须依赖他人获得安慰的情境（例如，“我的医生说我可能需要复查”与“我可能得了癌症”等灾难性思维的对比）。同时切记不要期望一次对话就能解决所有问题，这是不切实际的。请你设定合理而实际的目标，它可以是今天制订一个应对的计划，或是寻求被理解的感觉。

即使在沟通之后，事情看起来依然困难，也别忘了表达感激之情。感激之情同样能给你带来正能量。此外，感谢愿意给予你支持的人是聪明的做法，这会让他们在你下次求助时继续愿意伸出援手。

为何做：人都是社会动物，即使你是一个内向型的人，有那么一个人倾听你的心声并帮助你前进，依然是不可多得的恩赐。如果你能够在承压时刻留意自己的沟通方式，他人便有机会提醒你，你很有价值，所有的困难的事情也终将迎刃而解。大脑研究显示，得到他人的支持，能积极影响我们对威胁的神经反应，提升我们应对逆境的能力。与我们对压力的感知相似，我们对社会支持的体验，很大程度上关乎个人感知，即相信我们能获得社会支持，相信有人愿意帮助我们的信念，可能比实际获得相关支持更重要，这意味着我们永远不要轻视或忘了有人在关心我们。

除了真正地寻求帮助，也要花时间想想自己何时感受到关爱，并想方设法记住那些为你加油鼓劲的人，哪怕他们不在你的身边。一位朋友告诉我，在他准备做出一个艰难决定时，他写下了所有支持他的人的名字。他向我形容了写完的感受，表示尽管只是在纸上草草记下名字，他却感觉这些人仿佛就在他身边。

伪装精力充沛的模样

何时做：在你感到无精打采、冷漠或倾向于推托事情时使用（如果是到了睡觉时间或因病无力，那就推迟这个策略留待他日再用）。

如何做：想象一下，如果你感觉自己充满热情、处于最佳状态，你会如何行事？然后便按照这个设想行事。请记住，使用这个重置策略的目标，并非真正充满活力，而是去创造驱动力，让你能勇敢面对重要任务的挑战，过上更好的生活。考虑到你精疲力竭的状态，这个重置方法的目标，并不是让你追求完美或彻底实现目标，而是竭尽所能做到最好。如果这已经令你感觉不堪重负，不如从一些小事做起，比如抬头挺胸，表现出更投入手头工作的姿态。如果你开始感觉自己拖沓无力，说一些自我激励的话来给自己加油打气（例如，"我能完成这个艰巨的任务"），让自己能够继续努力。

为何做：令人出乎意料的是，当你感到精疲力竭时，顺应感受而行可能会加剧疲惫感。换句话说，假设你是个睡不够的大学生，在听讲座时躲在最后一排不停地打瞌睡，虽然听起来好像能缓解睡不够的疲倦感，但从长远来看，相较于坐在前排认真听讲、记笔记和提问，这可能给你带来更大压力。因为表现出积极参与的兴趣，不仅能为你获得课堂平时分，节省为考试准备的时间，还能提振精神并增加成就感（在工作场合参加会议也是如此）。此外，意识到你可以选择自己的行为方式，即使它看起来有违本意，就已经能带来一种振奋人心之感。

再举一个例子，许多客户自称“压力山大”，难以定期打扫屋子，再遇上发现袜子脏了没的换，脏衣服堆成小山时，心情更是跌入谷底。但是，鼓起勇气，尽自己最大努力，是向前迈出的第一步，而且这并不像你想象的那么困难。研究发现，即使参与者并不觉得自己外向，只要他们表现得更开朗，就能体验到更多积极情绪。更令人惊讶的是，重新审视了关于外向行为好处的研究后，专家们发现那些与外向行为相关的情绪益处，并非来自社交活动本身，而是来自表现得充满活力的行为。

保持谦逊

何时做：当你开始冒险去做一些事情，它们是你在没有感到压力时绝对不会做的事情，又或者你已经开始做一些注定会后悔的事情时，应该牢记这个策略。

如何做：请记住，人们容易在压力之下铤而走险，因此要格外注意这一点，认识到你的判断力可能受到了压力的不良影响。每当你开始产生放纵自我的想法（比如“我今天够累的了，这是我应得的，没什么大不了的”），你要学会将它们视为充满诱惑的陷阱，选择远离而不是受其蛊惑。解决诱惑的行动，例如扔掉刚买的那包烟，删掉令你伤透了心的前任的电话，关掉网购页面，它们都将对你有益。如果你已经做了一些对自己不利的事情，也不必自责，不要因为感觉“为时已晚”而继续放纵自我；相反地，你要立即采取行动，寻找解决问题和生活的途径。

为何做：就像我们在手头紧张时容易冲动买彩票，或要迟到时超速驾驶那样，在我们陷入困境时产生的许多想法，往往是不切实际的、骄傲自大的或是可能令我们身陷险境。在多年的从业经验中，我观察到一个现象：当我询问一个曾深陷药物成瘾的人，他是否存在对成瘾药物充满渴望时，过于自信地回答（例如：“我绝对不会再用的，我不存在再度成瘾的风险！”）往往预示着复吸或二度成瘾。然而，你需要认识到，这些规则对你同样适用，你也需要意识到自己的弱点，这样就能帮助你避开遭遇重大挫折的可能性。实际上，研究已经表明，谦逊可以缓解压力对你个人福祉的不利影响。因为谦逊或对自己和自身弱点的正确认识，可以激励你谨慎行事、依靠他人、注意自己的无心之失、接受自己的不完美，并最终超越自我。

第三章

增强心理韧性的释压练习

对许多人而言，心理健康与行为总是息息相关，这就是为何在本部分中，你能找到 34 个“压力缓冲器”（释压练习），它们能有效增强你的心理韧性，并推动你在长期内实现自我重塑。它们与上一章中的诸多压力重置策略不同，压力重置策略旨在帮助你度过极端压力时刻，而释压练习则是为了让你在日常生活中定期运用，最终活出一个更加丰富和精彩的人生。换言之，压力重置策略类似于对情绪问题的紧急救助，而本章即将论述的释压练习相当于预防性药物。通过培养良好的习惯，持续以一种勇敢无畏的态度面对生活，你就能有效构建情绪缓冲带，让你在逆境时期更容易恢复心理韧性，做到不轻言放弃。

其中一些练习侧重于自我关怀，因为一些简明易行的方法，比如制订一个日常生活规划，为能给你带来快乐和成就感的事情留出时间，在预防严重抑郁方面的效果可以媲美药物治疗。正如临床试验反复证明的那样，这些释压法加上适度的正念练习和常规的体育锻炼，就能增强你的情绪免疫能力。在日常生活中融入更健康的习惯，遵循能让你恢复活力的日程安排，会令麻烦事儿不再接踵而至，你的生活也不再像打地鼠一般，摁下葫芦浮起瓢，而是变得更加从容不迫。在挑战突如其来时，你也会对自己的应对能力更有信心。

你无须等到新年或重要生日这样的特殊时刻再开始练习，你可以随时随地积极主动地提前尝试一些释压练习，并将它们视为改善心理健康的关键部分。为了保持实践的动力，你可以请伴侣或朋友做你的改变搭子，这样一来，你们可以彼此监督、相互激励。向他人分享你最喜欢的策略以及心得体会，不仅能够帮助你掌握这些有效方法，还能为你生命中重要的人提供改变的力量。事实上，研究压力管理的专家们已经发现，邀请人们接受新信息，并鼓励他们与他人分享自己的想法，就能带来长久有效的改变。

在你尝试将这些策略融入日常生活时，可以借鉴第二章开篇提供的信息记录跟踪表，或者使用自己熟悉的应用程序来记录你的进步和变化。就我个人而言，我最喜欢用的是“行动日”纸质计划本，上面列出了待办事项清单、目标清单和备注，在我能够遵循健康作息的日子里，我会在笔记本上画一个小红心。也就是说，我能够进行正式的慢呼吸正念练习、表扬他人、一天中大部分时间能将手机放在视线外，以及晚上 11 点之前上床睡觉。这些良好的习惯让我能保持高效、专注和有效的人际互动。你也可以尝试用适合自己的方式来记录自己一点一滴的成就（如果这能够激励你继续保持良好的状态，那就更棒了！）。

与适用于压力重置的诸多策略一样，其中一些轻释压的方法可能会立即带来满足感，而有些可能起初会令你感觉不太舒服，但它们的好处一定会随着你的坚持不懈而逐渐显现。请你保持开放的心态，多尝试几次，我相信它们一定能让现在和未来的你取得更好的自我管理效果。

思维释压练习

摆脱消极的“核心信念”

何时做：在你难以将陈旧的、过时的消极核心信念（它们通常源于你的成长背景或消极经历）与当前的现实生活分离时使用。因此，你可能发现自己不能享受积极的体验或进行人际互动（比如你可能会误把别人的赞美视为虚伪的敷衍或违心之语），或者当你处于触发这些消极信念的情境中时，你感觉你的痛苦会被放大。打个比方，如果你小时候经常遭受批评，并因此认定自己本质上“不够好”，可能会难以释怀自己犯下的错误，对你而言，它不仅仅是一个无伤大雅的小失误，更是对你个人价值的根本性否定。

如何做：认知疗法创始人、精神病学家亚伦·贝克所描述的“注意你的核心信念”的方法，能帮助你更客观地看待自己和生活。这些消极的核心信念往往根深蒂固，我们甚至可能没有完全意识到它们潜移默化的影响，更不用说有能力去改变了。但通过识别并处理无益或令你痛苦的核心信念（例如“我不值得被爱”或“其他人都靠不住”），你可以让自己从不必要的情感痛苦中解脱出来。

首先要留意自己在何时会感到特别脆弱，问问自己因何被触发了这种感受，是长期持续的敏感，还是过去的某个痛点？为了更好地搞清楚什么可能令你生气，反思自己通常如何看待自我、他人和这个世界。是否有某些过去的经历，以消极的方式塑造了你的自我认知？你是否被消极核心信念蒙蔽了双眼，看不到人生中更积极的体验或成就？

你还可以通过“箭头递推”的分析法来挖掘你的核心信念（如下图所示），通过罗列自己的想法及其对你意味着什么或代表着什么，来深入挖掘令你心烦意乱的原因。

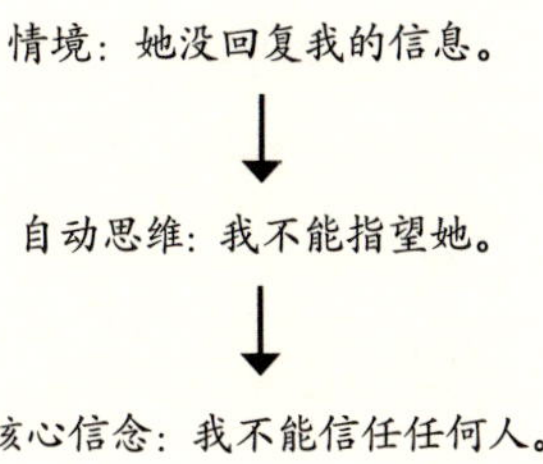

马丁·塞利格曼博士是宾夕法尼亚大学积极心理学中心的主任兼教授，认为获得正确视角的一个迅捷方法是，在遇到挫折后观察自己是否落入了“普遍性（Pervasive）、永久性（Permanent）、个人性（Personal）”这个“PPP 陷阱”。例如，如果你没有得到朋友的邀请去参加聚会，你可能会产生这样的想法：“我总是被忽视（普遍性），这种情况永远不会改变（永久性），因为好像没有人真正喜欢我（个人性）。”这种内心独白比“我很失望，因为卡罗琳没有邀请我参加聚会”带来的痛苦要严重得多。

你与其评判或全盘接受这些消极核心信念，认定自己满身缺陷，不如留意它们的存在，但不必因它们而感到自责或气馁。以一种富有同情心的方式提醒自己，你并没有过于敏感或反应过激，这只是你在一个消极核心信念被激发的情况下做出的自然反应，你不过是响应了一个被触发的核心信念。

要摆脱这些消极信念的束缚，你需要采取一些行动来帮助你跳出它们的桎梏。想一想，如果你能有意识地挑战自己的核心信念，而不是任由其主宰你，你会如何行事。比如，即使你发自内心地认为自己“不合群”，也可以想方设法地与自己想要更深入了解的人共度时光，即便这可能令你焦虑难安。再举一个例子，我的一位客户小时候曾目睹至亲遭受重伤，并因此形成了“世界是个充满危险的丛林”的极端想法，以极度谨慎的态度过日子。然而他逐渐发现，自己的这种生活态度，就像是存钱以备享乐，但最后却花在升级本已经足够先进的家用警报系统上。后来，通过不做过多研究就做出即兴的计划，他才迫使自己学会承担合理的风险，逐步削弱那个因持续保持高度警惕而变得根深蒂固的消极核心信念。

为何做：无论做什么，你都无法摆脱对自己或世界持有的消极或陈旧的看法（例如：“我是一个容易被霸凌的尴尬青少年。”），这种感觉将带来巨大压力。根据科里·纽曼博士的说法，坏消息是，那些看似强化了我们消极核心信念的经历，往往会“像胶水一样牢牢地粘住我们，而且我们常常因为拿自己和别人比较而感到难过，因为我们是在用自己私下的真实状态，去比较他人的公开人设。这并不是一个公平的对比，因为将私下的自我与他人的公开人设进行比较，是不可能公平的”。他表示，这就是我们的核心信念，令我们感觉“自己远不如他人”的原因。

多年前，我在一次心理学家专业会议上参加了一个活动，它要求我们在自己的名牌上写下各自的核心信念。我写下的是：“我是个冒牌货。”我的同事们也写了同样不讨喜的各种信念，甚至一些长期以来被我视为偶像的人，也在自己的名牌下方用超大字体写下了“我是个坏人”，这既令我大跌眼镜，也让我感到安心，原来大家都跟我一样不看好自己。与其逃避我们对自己和世界的消极看法（这几乎就等同于甩掉自己的影子一样徒劳无功），不如遵从纽曼博士的建议，与这些阴影“和解”。同时，你还可以更深入地审视自己身上和生活中与这些核心信念相悖的地方，这将帮助你更好地理解自己，更公平地对待自己。

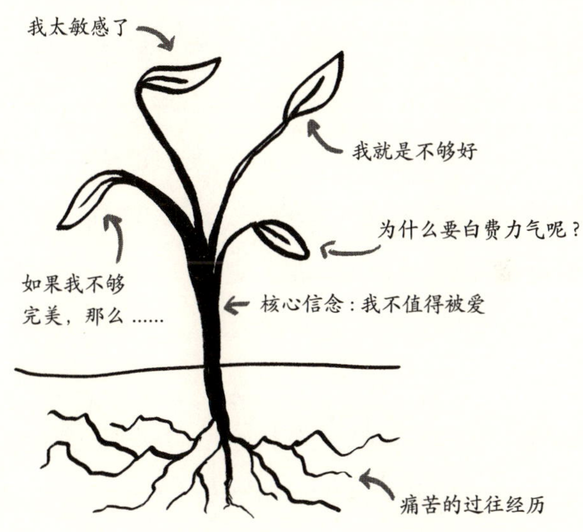

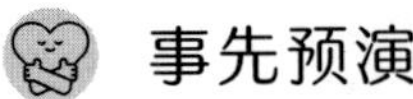

事先预演

何时做：在你需要完成一件对你而言至关重要的事情，并想方设法地寻找一种能够取代恐惧、纠结或逃避心理的方法时使用。

如何做：选择一个能激发你强烈情绪——不管是忧虑之情还是兴奋之感——的情境，比如，你即将主持一个重要的工作会议。详细规划如何最有效地解决问题和应对这个重大的挑战，这将使你能够用富有成效的行动方案取代无效的担忧。例如：你可以安排几轮预演，如果你存在完美主义倾向，可以提前定好准备工作的时限；选择你要穿什么衣服；制订好计划以晨练开启全新的一天；给自己预留更多的通勤时间，并在路上听一些鼓舞人心的音乐；或者准备一份上午的茶歇小甜点。想象自己身处会议室，并在头脑中演练自己的最佳表现。这可能意味着在踏入会议室做讲话之前，你会因紧张而身体轻微发抖，但真正开始后，你要记得身体直立、脚踏实地、目光注视友好的同事，并记得每讲完一个句子后稍作停顿。

为何做：当一件事情对我们越是重要，我们越容易耗费大量时间和精力去拖延，或脑补自己遭遇严重困境的场面，这只会导致我们更容易出错，因为过度焦虑只会影响正常的发挥。但另一个极端，比如有些人过于乐观地认为“我在强压之下工作效果最佳！”同样不利于有效的情绪管理。真正有效的应对之法，是战略性地预先规划行动方案，也就是我们常说的“未雨绸缪”，这也是辩证行为疗法传授的一个技巧。它能够有效地避免计划谬误，即低估完成任务所需的准备工作和时长。通过放慢脚步，提前规划，包括评估所需的步骤和可能出现的问题，你可以有效防范可能发生的障碍，同时舒缓因准备不充分而产生的压力。以我个人生活为例，我意识到，如果我对搭车所需的时间、交通拥堵的程度（因为我生活在“堵城”洛杉矶）以及安检排队情况有更现实的认知，那么在通勤和旅行途中可能经历的很多压力，都可以得到有效缓解。

在大脑中事先预演自己的表现，可以激活真正执行任务时用到的大脑区域。心理预演和提前准备也是运动心理学的重要内容，有助于增强运动员在比赛前的信心，从而提升他们的实际赛场表现。当我问及洛杉矶消防救援局的消防员基莉·艾布拉姆斯如何应对充满压力的消防工作时，她告诉我，她的日常训练包括穿着消防服在232摄氏度的高温中静坐5分钟，这个训练让她知道自己能够穿着消防装备承受极端高温，这对她在真实火灾现场的行动至关重要。艾布拉姆斯还经常锻炼体能，睡前练习正念，并且经常在心理上预演消防工作中的一些更具挑战性的任务。她告诉我，一旦接到出警电话，她会这样设想：“我会清晰地想象自己到达现场后将承担的具体任务。这非常有帮助，它让我确信自己很清楚将要去做什么，让我到达现场后做到不慌不乱，稍微放慢响应节奏，避免忙中出错。”

这个练习的关键在于，在心理上预演你将如何成功，既要关注实际操作的细节，也要关注你将如何有效应对可能出现的情绪波动。你不应做的是走极端，即要么想象一个灾难性的后果，要么草率地幻想万事大吉。不管你信不信，我在写下这段文字时，就运用了这个心理预演技巧。除了安排写作时间，并确保在长时间静坐前进行锻炼（否则我很难保持静坐状态和集中注意力写作），我还意识到，每当我坐下来试图写作时，我的大脑会诱使我去查阅和回复一些无关紧要的邮件、搜索和研读过多的研究论文，或者分心去浏览网上的促销信息。因此在写作之前，我会心理预演如何在固定时段内保持全神贯注，将拖延视为需要抵制的冲动，而非屈服和沉溺其中。

 给压力和忧虑留出专门的时间

何时做： 当你发现自己在一天中多次因不在个人直接控制范围内的事情而担忧，且持续时间超过数分钟，尤其当这些担忧如新闻滚动条一样经常浮现在你的脑海中时。

如何做： 专门安排一个固定的“忧虑时段”，这将帮助你在一天的其他时间里专注于眼前的事务。选择一个适合你个人情况的忧虑时段，例如避免安排在睡前或早上醒来时，尤其是在你已经习惯了带着担忧和恐惧醒来的情况下。在计时器上设定 20~30 分钟的时间，也可以将其分为两个 15 分钟的时段，专门用来沉浸于忧虑之中。如果你在这个过程中，觉得担忧已经变得乏味无趣，随时可以提前结束。

在“忧虑时段”内，你可以将担忧的事情列在纸上，或者着手解决那些有现成解决方案的问题。如果你有很多担忧，可以考虑分类处理（比如，周一用 10 分钟担心健康问题，再用 10 分钟忧虑气候变化，周二用 10 分钟忧虑家庭矛盾，等等），这样一来，你可以更深入地处理心中的忧虑，而不是蜻蜓点水地在不同问题之间匆忙切换。

在忧虑时段之外，请尽量专注于当下，如果你发现自己开始担忧，可以记下担忧的事项，并将其推迟到下一次的忧虑时段再深入思考，除非它们是需要你立即解决的问题。如果你忘了设定的忧虑时段，也没关系，你可以重新安排时间，或等到下一个预设的忧虑时段。

为何做：人类的大脑天生喜欢琢磨悬而未决的事情，尤其是那些令人担忧但又无法立即解决的问题。我们也很容易错误地认为，担忧是有好处的，因为担忧会令我们感觉自己在积极地应对问题，而不是毫无作为。然而实际上，担忧除了会加剧疲惫和压力，别无他用。

通过精确规划担忧的时段和时长，你可以显著缩短一天中花在不请自来的担忧上的时间。设定专门的“忧虑时段”的好处还包括，它能鼓励我们进行心理学家所说的自我监控，即观察自己的思绪何时何地开始游离，而不是无意识地将数个小时浪费在压力重重的思考上。通过为忧虑划定专门的沉浸时间，还能降低你将担忧与各种活动混为一谈的倾向，这在心理学中被称为刺激因素控制。此外，将担忧限定在一定时间内，其实是一种暴露疗法——直面恐惧，而不是让它们时隐时现，能帮助你认识到想法和感觉都是暂时性的，你不必一整天都处于担忧之中，这也同样能帮助你有效管理自己的生活。设定专门的忧虑时间的最大优势在于，它让你能更好地将担忧的问题集中处理，让生活中的其他时刻做到无忧无虑，从而让人生变得更愉快。

 尝试表达性写作

何时做：在你想要通过一种舒缓而非耗竭自身精力的方式理解压力、情绪和精力时使用。

如何做：以纸笔描述困境有一种特殊的力量，能够帮助你有效释压，创造一种置身事外的距离感和旁观者视角。请你拿起纸笔，选择一个能安静地专注于写作，不受外界打扰的时间和地点。然后定时 15 分钟，围绕下面主题（任选其一）开始写作。

○ 你正在思考或担忧的事情。

○ 你梦寐以求的事情。

○ 对你的生活造成了不利影响的问题。

○ 你一直在逃避的事情。

在写作的过程中，不要过分担心拼写或语法是否正确，关键是要表达出你在所选主题上最深刻的思考和感受。你也可以反思自己如何从正在经历的事情中成长，或找到人生的意义。如果你写的是过去发生的事情，一定要确保使用过去的口吻进行详细描述。以三四天为一个周期，完成这个表达性写作练习，以确保你能真正面对和解决悬在心中的问题。同时请注意：你不需要每次都写同一件事情。如果你在写作过程中感到非常沮丧，请随时停止或更换主题。写作时感受到情绪波动也是正常现象，但请你留意自己的感受如何

随时间发生变化。

为何做：表达性写作是由詹姆斯·彭内贝克博士开创的一种疗愈技巧，它是一种得到实证研究支持的日记疗愈方法。与随机记录脑中所想的方法不同，这个疗愈方法要求你专注于剖析自身最重要的关切，并允许自己深入反思，它将帮助你触及内心深处的情感。这一点很关键，因为隐藏在内心深处痛苦的、未经处理的经历，可能会阻碍我们的发展并以其他问题的形式表现出来。

如果你担心因写下一些令人痛苦的事情而感到疲惫不堪，可以试着调整关注点，致力于从消极的事件中寻找积极的意义或希望。比如，想象你将采取哪些措施，实现一个与眼前不同的、更幸福的结局。例如，如果你写作的主题，是自己对婚姻的恐惧和不满，你可以调整思路，描述你今天能做些什么，以便在五年后对婚姻关系产生积极影响，这个建议来自著名压力专家、宾夕法尼亚州立大学生物行为健康学教授约书亚·斯迈思博士，他也是彭内贝克博士的长期合作伙伴之一。

如果你曾经历过危及生命的事件，并不断被这些糟糕的创伤记忆困扰，你可能患有创伤后应激障碍，这会影响你应对日常压力的方式。尽管已经存在很多针对创伤的治疗方法，一些可能看起来复杂或耗时，但表达性写作已被证明能在短短几次疗程后帮助创伤后应激障碍患者恢复正常的生活。美国国家创伤后应激障碍中心的副主任丹尼斯·斯隆博士，为一组创伤后应激障碍患者提供了五次表达性写作练习（每次时长 30 分钟），并给出了详细的写作指导和提示（例如，准确描述你记得的事情，这个事件是如何影响了你现在的生活的）。在训练有素的专业人员引导下（也请你不要自行尝试），遭遇过创伤的人在完成这些练习后，创伤后应激障碍的症状得到了显著缓解，改善程度毫不逊色于那些完成了二十次其他基于研究的创伤治疗方法的人。

在个人心理疗愈实践中，我也亲眼见证了那些遭遇了可怕事件的客户，在完成我规定的五次表达性写作治疗后，糟糕的感受得到了显著缓解。为何表达性写作的效果如此卓著？考虑到这些危及生命事件的严重性，创伤性记忆往往会以碎片化的方式储存在大脑中，以保护我们免受重新体验创伤全部冲击的严重影响。然而，通过有效梳理这些创伤经历——给它一个开始、发展和结局——然后反复叙述，你将能够系统地纠正创伤记忆的存储方式，使其得以终结。在表达性写作训练的过程中，你也会逐渐意识到，你可以将自己的生活与记忆剥离，而不是任由创伤记忆主宰你的人生。

不管是应对日常的烦恼，还是解决人生最痛苦的经历，表达性写作都可以帮助梳理令你感觉混乱的情感和经历，帮你找到一条走出消极情绪和重重压力的希望之路。

寻找生活好的一面

何时做：在你想要享受日常生活并获得更多满足感时使用。

如何做：

○ 每天花几分钟时间，列出 3~5 件（无论大事还是小事）让你心存感激的事情（你可以将它们写在日记里，或使用应用程序记录）。

○ 想想你应该感谢哪些人，主动联系他们并表达你的感激之情。

○ 选择一项通常会令你心生厌烦的活动，比如锻炼、洗衣服、去超市购物或给家人打电话，然后改变心态，通过为其注入感激之情来转变看法（例如，能把生活用品带回公寓是我的荣幸）。你可以每天或每周更换关注点，甚至可以把待办任务清单重新命名为“我有幸能去做的事情”。

○ 拿出纸笔，围绕以下场景撰写 2~3 个段落，确保你的

○ 描述包含开头、发展和结局：

- 进展顺利的事情及其原因；
- 你心存感激的事物；
- 你最近发挥的优势；
- 你最近在实现目标方面取得的进展；

· 别人为你做的好事，无论大小。

为何做： 根据“消极偏差”理论，人类天生倾向于让不愉快的经历掩盖积极的体验。从进化的角度来看，对潜在威胁保持高度警觉，有利于人类的生存和繁衍。然而，为了对抗这种倾向于消极悲观的看法，无论是对人生还是对自己的悲观看法，我们都应该养成习惯，有意识地寻找生活中的美好事物。感恩就是一种行之有效的方法。研究显示，每天花 5~15 分钟的时间，使用上面的提示来写下令你心存感激的事物——这种做法被称为“积极情绪日记”——可以有效缓解压力和悲伤，即使是那些身体健康有问题的人也不例外。经常这样做将帮助你提振情绪、拓展人生观和人际关系，甚至会更加乐于助人和保持谦逊。研究人员还发现，感恩的人往往感觉自己拥有更多的社会支持，这个认知有助于缓解压力，降低患抑郁症的风险。

养成发现生活中美好事物的习惯，也有益于身体健康。研究发现，感恩能改善血压和睡眠质量。更有趣的是，感恩的好处不仅限于实践者本人，专家们发现，向合作者表达感激之情，还可以降低对方身体的压力指标。

 重新审视你对情绪的看法

何时做：在你需要时刻提醒自己，经历压力重重的时刻不等于一整天都将过得糟糕时使用。

如何做：如果你倾向于夸大负面情绪的持久性，并试图通过逃避或无意中激化情绪的方式应对，你就会发现尝试通过观看简短的视频片段来诱发不同的情绪，可以帮助你更真实地体验情绪，减少对情绪的主观臆断。下面是一些能让你体验到不同情绪的视频片段（观看时间可以控制在 2 分钟内）：

- ○ 电影《舐犊情深》（*The Champ*）的最后一幕。
- ○ 莎拉·麦克拉克兰（Sarah McLachlan）的《天使》（*Angel*）音乐视频。
- ○ 电影《霹雳钻》（*Marathon Man*）中“我会把赛尔交给你”（I'll give you Szell）的名场面。
- ○ 纪录片《大学阴谋论》（*College Conspiracy*）。
- ○ 法瑞尔·威廉姆斯（Pharrell Williams）的《快乐》（*Happy*）音乐视频。

关闭浏览器的其他页面，专注于眼前的视频，尽量减少外界干扰。请你努力将注意力集中在视频片段本身，不要将其与个人生活关联起来。观看结束后，再花时间反思，写下你希望自己未来能记住的

启示或想法，可以利用下面这个表格来记录。

你注意到了什么？记录下你的想法、感受和行为（例如，是否有转头不看的冲动）	你在避免评判方面做得如何？以 0 到 10 为标准来评估（0 表示完全没有评判，10 表示极度评判）	观看过程中，你的沉浸感如何？（用 0 到 10 为标准来评估，0 表示完全没有沉浸感，10 表示沉浸感非常好）

为何做：最令人感到解脱的体验之一，就是意识到情绪会来来去去，尤其是当你允许它们自然存在，并且能够活在当下时。多年来，我与数百位客户一起观看了前面这些视频片段，他们告诉我，他们能强烈地感受到自己的情绪，我不断看到他们在短短 10 分钟内，体验到从潸然泪下到喜笑颜开等不同的情绪，然而每种情绪的峰值和持续时间都不到 2 分钟。

学会在观看视频片段时保持身临其境、专注当下的感觉，与管理生活中涌现的情绪密切相关。为什么？研究显示，观看视频片段确实能引发真实的情绪体验。按照这个逻辑，你自己的情感体验对你的影响，自然会比观看与个人相关度没有那么高的内容时更深。因此，问题的关键就变成了通过练习提升你对当前情绪的觉察能力。这将让你逐渐认识到，你无须消除情绪，尤其不要试图做一些对自己有害无益的事情来驱散情绪。一旦你完全沉浸在当下，就会发现它们会自行消退。

多年前，我在一次专业培训中，听到夫妻关系治疗领域的权威人士约翰·戈特曼博士表示，要判断一对夫妻是否具有较强的恢复力，一个良好指标是他们能不能在争吵不久后就开怀大笑。这同样适用于身为个体的我们：我们越是能够保持活在当下的状态，让自己对眼前发生的事情保持开放心态而不是沉湎于过去，我们的情绪就会越健康。

追寻人生梦想

何时做：如果你想活出一个令自己感到自豪的人生，就需要以月或年为单位持续践行这个策略。

如何做：选择一个对你而言有特殊意义的日子，比如每个月的第一天、每个季度的开始，或者在生日前夕，留出 20 分钟到一个小时，甚至更长时间，来明确对你来说最重要的几个核心价值，思考你想要专注于哪些美德和行为，以提升自己的生活质量，比如对自己更有耐心或改善他人生活（譬如，对周围的人更加慷慨）。

接下来，制订一个切实可行的计划来践行这些价值观。假如你很重视自己能否成为群体的一分子，就不要认定自己很难找到合适的圈子,而是列出你可以参与的一些集体活动,然后看看哪些适合你。想想如何定期采取行动，践行自己的价值观——假设你重视“关爱环境”这个价值观，就可以决定在一周大部分时间里吃素。即使你目前看起来距离这些崇高目标的实现还很遥远，但只要你朝着积极的方向坚实地迈出步伐,每进步一点点,你都要充分肯定自己的成就。

为何做：确定自己看重什么，并承诺花更多时间和精力致力于推动它们的实现，可以帮助你看到更广阔的前景，并赋予你一种掌控人生的感觉。在日本，人们提出了一个被称为“ikigai”的概念，即“生命的价值”，大致可以理解为“每天清晨醒来的理由”。相关的研究人员发现，通过结合自己的兴趣爱好、个人所长以及能为世界所需提供服务，并获得报酬来实践“ikigai”的人，往往更长寿。这也是我非常推崇接纳和承诺疗法和辩证行为疗法等心理治疗方法的原因，它们帮助人们厘清自己的价值观，并确定践行这些价值观的具体步骤。我的很多客户已经意识到，与他们心中“让世界变得更美好、更公平”的价值观相关的志愿承诺，似乎能有效缓解压力，尽管这听起来有违直觉，但它们的确没有增加他们的心理负担，或是令他们感觉待办事项清单上又增加一个任务。研究显示，认为自己的人生有意义的人，也表示会经历较少的痛苦和重复性思考。我们从中获得的重要启示是：制订能将价值观转化为行动的具体计划，并花时间思考当前的行动如何践行你的人生价值观，就能给你带来极大的力量感和成就感。

停止妄加批判

何时做：在你想要批判某件事、自己或周围的人时使用。

如何做：首先，要意识到自己会在什么时候进入挑刺模式，不管你有没有将挑剔的话语大声说出口。你甚至可以数一数自己在一小时里产生了多少个批判性的想法，这个具体而直观的方式，或许会令你大开眼界，它能帮助你充分意识到这个习惯的后果有多严重。妄加批判在身体反应层面肉眼可见的线索包括：你的脸或身体绷紧了，或者你的语气变得很尖锐。

尝试用事实和你的感受（例如："你在最后一刻取消计划时，我很难再临时做其他安排，我感到很失望……"）取代批判性表述（例如："我就知道你永远都靠不住"）。这样做不仅能让你更容易接受现实，也让对方更愿意听取你的意见，因为当我们以批判性语气提出反馈时，更容易激发对方的逆反心理。由于人们总是习惯性地批判他人，我建议你先挑选一些特定的情境或人（比如你的伴侣）来练习这个方法，然后再逐步实践到其他领域，循序渐进地减少生活中的批判行为。如果你需要更多理由来实践这个方法，可以想一想你在说出这些伤人的话语时，是想要证明自己是正确的，还是想要维持人际关系。

为何做：留意自己什么时候会因为什么事情而开始批判，这可以帮助你放下批判性想法和伴随而来的负面情绪，继而让你的感受更好，增强解决问题的能力。虽然批判性思维似乎是条件反射的自然想法，但类似“我是最差劲的”等消极想法，除了折磨自己，还会损害我们应对挑战的能力。压力的产生在很大程度上与我们如何看待和评估具体情况、自己和他人有关，因此妄加批判不仅会导致压力倍增，还会滋生愤怒、焦虑和绝望等痛苦情绪。

 练习不同类型的共情方法

何时做：在你共情他人痛苦的方式消耗了自己的精力，或损害了你实际帮助他人的能力时使用。

如何做：试着只观察他人的经历，不要将他们的遭遇与你自己的人生体验混为一谈。深呼吸几次，然后切换到一种更理性的、认知层面的共情模式，而非情绪化的同理心。例如，当你看到有人在翻垃圾桶，你的想法可以是“他们可能饿了”，并伸出援手，而不是因此陷入担忧食品安全的绝望情绪中，这种情绪化的反应只会导致你无法给对方一个微笑或一顿饭。

为何做：无论你是从事帮助他人的职业，还是提供志愿服务，是为困境中的朋友提供帮助，还是被悲剧性的新闻触动，我们都很容易在身边的痛苦和不公遭遇中迷失自己。然而，如果你自己没有真正经历这些危机，却总是想象自己置身其中的感受，这反而会削弱你提供帮助的能力。有研究表明，能够承认自身的情绪，而不是过度与病人共情的医生，感受到职业倦怠的程度较轻。

请记住，你不需要完全感同身受才能提供帮助，因为在感受到痛苦的同时提供帮助，几乎是不可能的。当我问及约翰斯·霍普金斯大学公共卫生学院专门研究危机干预和人道援助的小乔治·埃弗利教授，他如何训练人们在灾难中提供帮助时，他说：“我们常被告知，应该通过移情或感同身受来帮助他人，但这可能

是一个陷阱。”他建议我们可以尝试从他人的视角理解世界，但不应全盘接纳或体会他人的情绪，因为后者不仅会伤害到你，也无益于减轻受助者的困扰。记住，你无须感同身受来提供帮助，而且你在几乎无法承受痛苦感受的状态下，也不可能提供有效的帮助。

学会为他人的幸福喝彩

何时做：在我们眼中，他人的生活总是更轻松或更美好的，如果你经常对他人的成就漠不关心，并想要学会发自内心地为他人的成就高兴，就可以尝试这个方法。正如一句老话所说："培养为他人的幸福感到欢欣鼓舞的能力很有必要，因为这将让自己的幸福感指数级倍增。"

如何做：如果你无法为他人的幸福喝彩，可能就很难为自己的生活感到满足。要想真正为身边人的幸福感到高兴，你需要先扪心自问，看看自己是否存在一些根深蒂固的负面假设，比如认为别人的成功，必然以牺牲你的好运为代价（这时候请你牢记，幸福并非"你有我无"的稀缺性资源）。同时，另一个有用的方法是留意自己是否脑补了有违事实的故事，比如幻想你羡慕的人总是轻而易举地获得了幸福。要培养自己为他人喝彩的能力，你可以尝试下面的练习：

○ 在朋友宣布了好消息时，不妨暂时放下手边的事务，真心实意地沉浸在那份喜悦之中，或以实际行动表达你的祝贺。与其在领英（LinkedIn）上轻描淡写地给对方的推文点个赞，不如亲自发一条温馨的私信或寄一张贺卡。你可以先从最亲近的朋友开始，然后逐渐扩展到你的整个社交圈。

○ 如果有人同步向你分享了好消息，不要只是特别官方地回应一句“恭喜”，而是要通过言辞和肢体语言充分表达你的热情和活力。你可以这样恭贺对方：“我发自内心地为你感到高兴，你获得这份荣誉确实是实至名归，没有人比你更有资格了！”

○ 在完成慈爱冥想练习后，你可以在心中默念“愿你的幸福与日俱增”的同时，让对方的形象在你脑海中清晰地浮现。如果你的注意力开始游离，将其拉回来专注到这个形象上。坚持用同一个对象完成几天练习，然后换另一个人继续练习。

为何做：正如《圣经》中“爱人如己”的诫命，佛教中的“随喜”是指真诚地为他人的好运感到高兴，它能帮助你摆脱“生活是一场竞争”的观念，这种观念只会令你倍感压力。如今，我们总是在社交媒体上看到他人精心粉饰后的完美生活，并因此而产生了自卑或自己的人生充满不幸的消极心态，将这个心态切换成为他人的幸福感到快乐，可以有效减轻嫉妒和孤独感。正念导师莎伦·萨尔茨伯格说：“所有人都是相互联系的，这是不存在争议的事实。”在教授了几十年的同喜心态后，她认为与其纠结于谁应该得到什么，沉浸在怨怼情绪之中，不如思考如何更有意义地利用自己的时间。她是在移民美国的祖父母抚养下长大的。这一开始令她感觉自己与同龄人格格不入。但后来她表示：“随喜令我意识到没有人的生活是完美的，即便有，它也不可能永远如此。”

专注于三分钟的正念冥想

何时做： 在你想要更轻松地留意到自己的想法、感受和行为，避免陷入无益的消极思维循环时使用。

如何做： 首先，保持端正坐姿，双脚平放在地面上，或选择你觉得舒适的盘腿坐姿，挺直脊背。如果你愿意，可以闭上双眼，也可以将视线固定在一个特定位置，帮助你集中注意力。

第 1 分钟：留意身体与椅子或地板接触的部位。然后思考：我现在的体验如何？我的头脑里在想些什么？我的身体产生了什么样的感觉？尽你所能地感知这些思想和身体的感觉，不要试图以任何方式改变它们。

第 2 分钟：尝试放下心中的杂念，将注意力转移到腹部呼吸时产生的感觉上来，感受吸气时腹部的隆起和呼气时腹部的收缩。跟随呼吸的自然流动，让这种节奏成为你集中注意力的方式。

第 3 分钟：扩展你的意识范围，将注意力从呼吸转移到整个身体，从头顶到脚尖，然后进一步扩展到你身处的空间。当你准备好了，就睁开眼睛。

试着每天选择 2~3 个固定时间完成 3 分钟的正念练习，然后坚持一周。在固定时间练习有助于养成习惯，使你在需要使用正念技能时能更容易实施，这有点类似于身体肌肉的锻炼。坚持一周后，再考虑今后多久做一次 3 分钟正念冥想练习，当然，我的建议是每天在固定时间进行一次练习，这是最理想的状态。此外，如果你习惯跟着引导录音练习，也可以在网上查找由正念认知疗法的开发者之一、加拿大多伦多大学的辛德尔·西格尔博士引导的训练视频。

为何做：因为你的呼吸始终与你同在，它成为一个随时可用的工具，可以帮助你更好地活在当下。“3 分钟的呼吸空间”让你能够觉察到自己的思绪、情感和感受，从而结束无意识的自动导航状态。你练习得越频繁，就越能在其他情境下觉察到自己的状态，从而让你更轻松地将注意力带回当下。正如西格尔博士所说，尽管这个练习的时间很短，但这种“意识的编排”强调了注意力转移、自我审视和跳出不良情绪的过程，由此获得的心理超能力，恰恰是我们摆脱困境时最需要的力量。

令人惊喜的是，西格尔博士表示，研究证明，完成为期八周的正念基础认知疗法课程，并随后每天重复这个 3 分钟的正念练习，在预防重度抑郁症复发方面，取得的效果可以媲美药物治疗。

身体释压练习

演练恐慌症发作，减轻内心惧怕

何时做：在压力经常引发你的身体不适症状，或你饱受恐慌发作之苦，并整日担忧它可能会复发时使用。

如何做：由于呼吸急促等身体感觉可能在关键时刻夺走你的注意力，你可以通过在安全环境中，花 1 分钟时间反复演练特定的身体症状，并学会接纳它们的存在，削弱身体应激反应的消极影响。这可能需要你走出舒适区，但通过直面并接纳你通常想要逃避的不适身体症状，这种内感受性暴露将使你摆脱焦虑情绪对身体感觉的严重影响。

思考一下，当你陷入恐慌时，身体会出现哪些生理反应：是心跳加速、呼吸急促、肌肉紧绷、感觉潮热、有窒息感、头晕目眩、方向感丧失，还是全身颤抖？当这些感觉出现时，观察自己是否不自觉地做出了评判。一个明显的线索是，你的脑海中可能会冒出“我喘不过气了！”或“情况越来越糟！”之类的念头。如果是这样，请牢记你可以学会不将它们视为“负面”或“危险”的感受，而是认识到它们不过是转瞬即逝的反应。在平静的时刻刻意重现这些症状，可以帮助你改变习惯性的自动反应模式。

请尝试下表中的所有练习，这些练习旨在引发与恐慌或压力相关的种种生理感受（尽管它们可能会令你感觉不快，但总耗时不会超过 5 分钟）。这些练习的目标是在没有恐慌情绪的情境下，模拟你在日常生活中突然遭遇这些生理症状时感受到的不适。你可以使用类似下面的记录表来跟踪哪些练习对你最有效。

练习	身体反应	与现实生活中的痛苦的相似度

如有需要，你可以适当增加练习的难度。假如你在紧张或压力下通常会产生幽闭恐惧、体温升高以及心跳加速等症状，可以尝试在喝完一杯浓缩咖啡后，穿上一件冬季外套，在狭小的衣柜里进行下列练习：

- ○ 快速深呼吸（最长60秒）：用力进行急速而深重的呼吸，要注意这个练习可能会引起头晕。
- ○ 吸管呼吸练习：使用一根细塑料吸管，在一端捏紧使其直径减半的同时，捏住鼻子用嘴通过吸管呼吸。保持这样的呼吸，但最长不超过60秒（你应当感觉到空气非常稀薄）。
- ○ 旋转练习：在旋转椅上坐着或站立，旋转60秒。尽量每3秒完成一次完整的旋转。
- ○ 原地冲刺跑：原地快速跑步60秒，尽量让膝盖触碰鼻子，以提升心率并促使身体出汗。
- ○ 平板支撑：保持平板支撑姿势60秒，或直至感到全身颤抖。

重复那些与你的压力症状最相似的练习，直到这些感觉变得熟悉且不再触发威胁感。这可能意味着你需要每天连续练习几次，每周练习好几天，并持续练习几周，然后请你在现实生活中，预判遇到的压力可能引发相同症状的情况下，再次进行这些练习。这将帮助你提前做好准备，让你可以在这些压力症状出现的时候能更加从容地面对。

为何做：我经常希望自己能做一个公益广告，将内感受性暴露是治疗恐慌发作最为迅速且最行之有效的方法的事实昭告天下。这是因为，有意识地引发恐慌症状并直面内心的恐惧，可以将压力和焦虑与诸如“我正处于危险中！”等不断加剧症状的负面解释脱钩。你越是能花时间练习以一种非评判性的态度去应对焦虑感，就越可能将它们视为短暂且不会引发恐惧的现象。了解并熟悉这些身体症状不会对你造成伤害，会让你更少地回避那些会引发这些症状的情境，从而削弱它们的影响力。研究已经证明，勇于体验并接纳身体的感觉，即使是那些不愉快的感受，也能显著提升大多数焦虑症患者的生活质量。看到我的客户们曾经为了避免恐慌发作而给生活设限，现在却能积极主动地想办法拥抱和体验压力带来的感受，以从未预料到的方式拓展和丰富生活的可能性，令我不得不叹服于他们取得的伟大成就。

晨曦代手机，自然唤醒每一天

何时做：在你希望以更健康的方式开启新的一天，尤其是在你遭遇睡眠或注意力方面的困难时使用。

如何做：不要用智能手机做闹钟，改用传统的闹钟，将它放到床边，将手机放到别的房间，以此抵御躺在床上漫不经心刷手机的诱惑（不管是睡前还是刚起床时）。把不玩手机节省下来的时间，用作出门去简短的散步（2~10 分钟），或在清晨醒来后的一小时内，静坐在户外享受清晨的阳光（不必直视太阳，只要面朝太阳升起的方向即可）。若遇到阴天，尽量在户外活动 20 分钟。

为何做：清晨醒来后的一小时内，若能沐浴晨光（不要戴太阳镜），能帮助你调节生物钟，增加活力和强化专注力，并改善睡眠质量。这是因为人体调整睡眠与觉醒周期的能力，依赖于自然光照的吸收。清晨晒太阳还有一个额外好处，那就是我们从阳光中获得的维生素 D 还能帮助提振情绪。

整体来说，我希望给诸位一个温馨小提示：生活远比我们眼前的手机屏幕要宽广得多。想想看，我们的祖辈或许从未想过一天的生活以这样的方式展开——埋首于小山一般的电子邮件里、随时随地浏览新闻或偷窥他人的生活，不停歇地琢磨五花八门待完成的事务（但一小时过去了，你还没有开始着手去做），这只会令你错失以庆祝生命之美好的方式开启全新一天的机会。

封上嘴巴

何时做：在你发现自己习惯用嘴呼吸或有打鼾的习惯时使用。

如何做：轻柔地将一张邮票大小的无敏性医用胶布贴在嘴唇中央，保持 10~20 分钟，以培养用鼻子呼吸的习惯（但不要在吃饭或说话时这样做）。如果你怀疑自己在睡觉时用嘴呼吸或打鼾（比如醒来时感到口干舌燥），你可以试着在夜间睡觉时用胶布把嘴贴上。[1]

为何做：用鼻子呼吸能够降低血压，改善睡眠质量，并能减少轻度睡眠呼吸暂停患者的打鼾现象。相比用嘴呼吸，用鼻子呼吸可以更加高效地过滤和加湿吸入体内的空气。此外，鼻式呼吸能让肺部更有效地吸收氧气，使你能够进行更深度的呼吸。它还能提高人体一氧化氮的水平，这是一种影响血液循环并将氧气输送到身体细胞的分子，从而帮助我们提升生命机能、改善情绪、强化免疫力。有些热衷于鼻式呼吸的人，甚至会在剧烈运动时用鼻子呼吸，借此提高运动成绩。

就个人经验而言，我发现在嘴唇上贴上一小段医用胶布，每次 10 分钟，就能让我在一天中更频繁地自然闭合嘴唇，而且这种胶布足够舒适，甚至可以贴着过夜。如果你想更深入了解鼻式呼吸的科学，可以阅读科学记者詹姆斯·内斯特的著作《呼吸革命》，这本书对此进行了详细研究和论述。

1　如果你存在鼻塞或阻塞性睡眠呼吸暂停的问题，在尝试这个方法前需要先咨询医生的意见。——作者注

正念饮食

何时做：在你习惯了边吃饭边处理各种杂事，或是意识到自己每顿饭吃得太多或太少时使用。如果你正在寻求让自己每天记得感恩的其他方法，也可以尝试这个释压策略。

如何做：拿起一颗草莓或其他种类的一小块水果，集中全部注意力去观察它的外观，感受它在指尖的触感，以及它的香气。将其放入嘴中，先不要咀嚼，专注于这一感觉。然后轻咬一口，注意草莓与牙齿和舌头的接触点，感受它在口中形状和质地的变化，以及随之释放的味道……如果闭眼能帮助你集中注意力，可以在咀嚼时闭上眼睛，将所有感官都集中在味觉上。继续细细品味这颗草莓，无须判断它的好坏，是甜或是酸，如果你想进一步提升觉知，也可以想一想参与草莓从土地来到你餐桌上这个过程的所有人，包括在田间劳作的农人、驾驶卡车的司机，以及在超市摆放农产品的店员。之后，记下你在这个正念感知过程中发现的任何有趣之事，并思考这种练习与你平日的饮食习惯有何不同。从小事做起，用心咬几口食物、抿几口饮料，然后逐渐将这种技巧应用到整顿饭中，或许可以从每天练习一次开始。

觉察自己的饥饿感同样重要：在感到适度饥饿时再开始吃饭，然后在感到七分饱时停止。要记住，我们可能需要开始吃饭 20 分钟后才能感受到饱腹感，因此最好细嚼慢咽。其他强化正念饮食的准则包括：将食物盛在盘子里；在无其他干扰的环境下坐着用餐；放慢进食速度，以便你能更专注地感觉是否产生了饱腹感。

如果你担心自己没有时间来练习正念饮食，试想一下你在不需要一边做事的情况下，全身心地享受美食，以不慌不忙的方式吃完一餐饭需要多长时间。10 分钟？那就挤出 10 分钟来完成正念饮食，它不像之前预想的那般耗时很长，这能给你带来更强的满足感。

为何做：突发的急性压力经常会导致食欲减退，而这可能削弱你理性思考和情绪管理的能力。同时，慢性压力则可能诱发情绪化进食或暴饮暴食，进一步恶化情绪状态。不管你是因为压力过大而食欲不振，还是报复性进食，通过合理管理饮食摄入健康的食物，你可以为自己创造更多转圜的心理空间。以更正念的方式饮食，还能帮助你避免饥肠辘辘或饥不择食等极端反应，增强你的忍耐力、消化能力并提升整体幸福感（如果你曾有过吃得太少或太多的饮食问题，那么遵照专家建议，你最好遵循三餐两点的饮食安排）。

如果你感觉自己的饮食方式已经失控，这可能会严重削弱你的自尊，让你觉得自己靠不住。我的许多客户发现，如果他们感觉自己放弃了健康的生活习惯，那么给他们造成压力的任何事情引发的压力性后果只会变本加厉。为此，通过允许自己用心享受美食，正念饮食法将是一个培养自我同理心的绝佳机会。

减少卧床时间，提升睡眠质量

何时做：在你躺在床上辗转反侧睡不着，而且躺床上的时间远超真正睡着的时间时使用本策略。

如何做：晚上睡不好很容易让你身心俱疲，如果你属于 30% 存在失眠症但没有得到确诊或治疗的患者，那么这个睡眠限制疗法（本练习的专业名称）有可能帮你解决问题。从记录下面事项开始练习，它们将帮你清楚地了解自己的睡眠模式。

1. 上床睡觉的时间。
2. 入睡所需的大致时长。
3. 半夜醒来后睡不着的时长（如果有的话）。
4. 睡醒的时间。
5. 下床的时间。

算出你躺在床上的时间与实际睡眠时间之间的差额，持续每天记录，一周后你就能清楚地知道自己每晚的平均睡眠时长是多少。

然后，确定一个理想的起床时间，并坚持每天雷打不动地按照这个时间起床，同时要调整上床的时间，确保你待在床上的时间与平时真正入睡的时间相同（举个例子，假如你需要一个小时才能入睡，并且会在半夜醒来 20 分钟，那么你上床睡觉的时间就应该推迟 1 小时 20 分钟），但你要确保每天至少有 5.5 小时待在床上。如果你已经躺在床上15分钟还没有睡着，请起身干点乏味的事情，比如坐在椅子上读一本你特别不喜欢的书，或者听一个助眠的播客，直到你感觉昏昏欲睡再上床。

同时，请你记录可能令自己难以入眠的原因，比如开着电视睡觉、睡前摄入刺激性物质（如酒精）、允许宠物上床或躺在床上刷手机。然后尝试逐一移除这些障碍，不要试图一蹴而就，避免因感到压力过大而放弃。请记住，在刚开始采用这个睡眠时间限制法的时候，你可能感觉睡眠时间被缩短了，然而只要你能做到躺在床上的时间等于真正入眠的时间（一上床就睡着了），就可以尝试每隔5天将上床睡觉的时间提前20分钟，以此逐渐增加睡眠时间。

为何做：限制躺在床上努力入睡的时间，是一种无须依赖药物但能有效治疗失眠的方法，其效果甚至比药物治疗更好。通常来说，睡不好的人总是想要在床上多躺一会儿，但这与睡眠专家的建议相悖。正确的逻辑是，减少躺在床上的时间反而能激发你对睡眠的渴望，帮助你实现更高效、更安稳地入睡，而且通常只需要几周就能显著见效。如果你觉得除了这里提供的指南，你还需要更多帮助，市面上已经有很多手机应用程序可选，它们都能协助你练习睡眠限制法。你也可以选择咨询专门从事失眠认知行为疗法研究的专业人士，他们能在你重新学习如何安稳睡眠的过程中为你提供有效支持。

选定一个锻炼活动，坚持不懈

何时做：在你认为身心健康非常重要，却一直没能定期锻炼时使用。

如何做：花点时间想想你的健康目标，在动力满满的情况下，你会优先选择哪种体育锻炼？你计划多久做一次？回想一下，你在过去是否有一套行之有效的锻炼计划，它包含了哪些内容？考虑到养成一种全新运动习惯颇有难度，不妨开动脑筋，设定一个 SMART（具体的、可衡量的、可达成的、现实的、有时间限制的）目标，不管是每天完成一定的步数或一定数量的波比跳都可以。你可以使用应用程序来开始跑步训练；找到一个你喜欢的在线健身课程，并承诺每周坚持训练三次；尝试不同的团体健身课，直到找到你想长期参与的课；或者报名参加某个体育锻炼联盟。一旦你找到了既适合自己又乐在其中的运动，就用铅笔在日程表上安排好锻炼时间和本周计划锻炼的次数，如果你没能按计划完成锻炼，要确保重新安排相应的次数。你不确定多久锻炼一次比较合适？研究表明，每周三次，每次一小时的中强度或高强度运动，只要坚持六周，就能显著改善中度抑郁症患者的悲伤情绪。对超过 11.6 万名成年人的研究还发现，平均每周参与 7.5 小时的中等强度和剧烈体育活动能显著延长寿命。

你需要在开始运动前先评估自己实现锻炼目标的可能性有多大，从 0 到 10 评分（0 代表可能性极小，而 10 代表可能性极大），然后看看是否能想办法提升这个可能性。比如，在前一天晚上提前准备好运动鞋和运动服放在床边，下载一个振奋人心的歌单，或者找一个能相互监督的伙伴。我有一些客户会采取奖励机制，比如每次完成锻炼后都往储蓄罐里投五美元，最终用这笔钱奖励自己买一个心仪已久的健身相关物品，比如时尚的紧身裤或新运动鞋；而另一些人则觉得惩罚机制的效果更好，比如我喜欢预定一些限时取消的健身课程，如果我想要取消课程，就必须提前 12 小时操作，不然不管我去不去上课，费用都会被全额扣掉——对金钱损失的恐惧（所谓的“损失厌恶”）将激励我按时去上课。

请你坚持一周后再审视自己的感受，重新评估之前设定的 SMART 目标，看看是否存在需要调整之处，比如改变运动的类型或每周锻炼的天数等。

为何做：大量研究提供了极具说服力的结论，表明经常锻炼的好处多多，比如能减轻抑郁、焦虑和压力的症状，提升专注力和睡眠质量，降低认知衰退和死亡风险。针对超过 12 万人的研究表明，锻炼的效果比服用抗抑郁药物更好。此外，运动还能增强个人成就感和人生目标感。许多接受过我心理治疗的人都发现，运动能带来一系列积极的连锁反应，比如坚持固定的就寝时间、改善饮食习惯，甚至培养出集体归属感。我有一位客户，哥哥和父母都身患重病，他想要摆脱眼前困境的压力与困扰，并知道自己唯一能控制的方法，就是每天的运动步数。于是他给自己设定了每天完成 8000 步的目标，看到自己每天都能实现这个目标，他秉持的“人生陷入僵局”的绝望心态得以转变，让他看到了人生依然有好转的可能性，意识到自己不必沉溺于自身的不幸中而无法自拔。

我的朋友们常开玩笑说，团体健身课就是我的快乐天堂，这话确实不假，我每周都会在固定时间去上相同的团课，积极购买优惠的课程套餐并提前规划好运动时间，以此避免纠结情绪或思虑过度。关于锻炼身体，我一直秉持与日常生活中的其他事务不同的态度：重在参与，不追求完美表现，只要我按时完成并尽力即可。这个态度也意味着锻炼身体顺便帮助我改掉了完美主义倾向。

定期进行呼吸减速训练

何时做：在你想要彻底转变神经系统的反应模式，解决慢性压力的问题时使用。

如何做：最理想的做法是养成慢节奏呼吸的习惯，每天至少一两次，每次 20 分钟。首先，你需要找到一个相对方便的时间，然后设置 20 分钟的计时器。采取坐姿或躺着都可以，舒适即可，然后轻轻闭上双唇。如果你觉得有用，可以双手叠放于腹部，感受腹部随着呼吸的起伏。逐渐放慢呼吸节奏，做到每次吸气和呼气的周期为 5~6 秒。你可以通过计数，使用手机应用，或者用手表的秒针来帮助保持这个节奏。坚持每天练习并持续三个月后，你可以尝试随时随地在生活中融入短时间的呼吸节奏调节（当然，开车的时候不要这样做）。

为何做：放慢并逐渐加深呼吸能带来诸多益处，比如降低静息心率、提升心境平和度、强化放松感和满足感、提升警觉度和活力。保持间隔 5 秒的呼吸节奏，可以将呼吸频率降低近三分之一（普通人每分钟呼吸 18 次），还能有效降低血压（高血压与暴躁易怒和超敏反应倾向有关）。

帕特里夏·格尔巴格博士解释说："要想更深入地改变神经系统和压力反应系统的功能，最好每天完成两次降低呼吸频率的训练，每次 20 分钟。"她指出，常规的正式练习将让你在面临巨大压力时更容易进入这种平复心境的呼吸模式。

科学记者和《呼吸革命》一书的作者詹姆斯·内斯特认为，如果你连呼吸练习所需的这么点儿时间都不愿意抽出来，那你就需要知道，光是投入几分钟进行健康慢呼吸的练习还远远不够，这就好比你为了身体健康而吃了一份沙拉，但在其他时间里却疯狂吃垃圾食品，并希望这等同于健康饮食。

记录你的成瘾物质使用史

何时做：你经常饮酒或使用其他可能成瘾的东西，并担心这些习惯有害健康时使用本策略。

如何做：首先，记录你在一周或一个月内的摄入情况，这能让你更清楚地了解自己的摄入习惯（用手机上的应用程序或纸笔记录都可以）。同时，你可以想想减少摄入量可能带来什么好处，比如睡眠质量变好或做出更理性的决策等。

掌握这些基本数据后，你可以更进一步思考，在何时、摄入多大量，才是最理想的情况。是每天，或是只在周末，抑或只需要控制一周内的总摄入量，无须限制具体时间？这些摄入控制计划如何与你的生活和人生目标保持一致？

设定了具体目标后，与其依赖自己的记忆来实现自我监督，不如开始记录（如有可能，实时记录）何时摄入以及具体的摄入量。我个人推荐使用“改变”（Reframe）应用程序，这是一款关注饮酒习惯的手机应用，可以帮助客户坚持自我监督。要跟踪电子烟的使用情况，你可以试试“告别电子烟”（Quit Vaping）或“抽烟记录”（Puff Count）。你还可以使用“我很清醒”（I Am Sober）应用程序来追踪任何类型的成瘾情况。或者，你也可以参照下表，创建适合自己的独特记录方法。

具体情况	使用的冲动（0~5 分）	使用前我注意到的情绪和想法	是否摄入了成瘾物质？如果是，请描述数量	短期影响	长期影响

养成记录的习惯后，不管是减少了成瘾物质的摄入量，还是坚持记录，你都要表扬和肯定自己，因为记录不仅需要勇气，还需要持之以恒的努力，尤其是在你还没有看到任何显著的改变时。通过持之以恒地开展细致的自我检测（改变积习的第一步），你将为自己的进步打下坚实的基础，哪怕只是做到每周少喝一杯酒。

为何做： 如果你存在精力不济、专注力缺失或情绪困扰等问题，看看自己是否存在依赖成瘾物质的问题会很有价值，而实时记录摄入的情况是最好的切入点，它能让你深入地了解自己的习惯并酌情调整和改正。我的患者们常常发现，他们记忆中的摄入量与实时记录下的实际摄入量之间存在显著差距。仅仅是意识到每次摄入成瘾物质的数据都会被如实记录下来，就能让你在摄入它们时更谨慎小心。实时记录的方法也能迫使你真正地关注自己的摄入量，并让你能够反思自己选择摄入成瘾物质的时间和原因及其背后可能存在的模式。

专家们在研究后发现，很多人一开始主要是为了追求快感而摄入成瘾物质，但这种贪图一时爽快的行为会逐渐演变成根深蒂固的陋习，或者沦为一种用来应对负面情绪和抵御渴望的拙劣手段。在睡前 4 小时内小酌一两杯酒，就可能会使睡眠质量下降 24%。一项针对 3.6 万人的研究发现，每天小酌一两杯酒与大脑容量减少有关。更令人担忧的是，每天习惯性喝 3~4 杯酒可能会导致脑萎缩。最后，依赖成瘾物质将导致你错过练习提升自信和应对能力的黄金机会，而这些技能将让你更好地活在当下和应对挑战。毕竟，知道自己能够设定目标并坚持不懈，这本身就是一个巨大的胜利。

多开怀大笑！

何时做：在你想要为生活增光添彩，并让身边的人也感到更快乐时使用！

如何做：斯坦福大学教授詹妮弗·艾克博士和讲师纳奥米·巴格多纳斯共同开设了一门商业幽默课程，她们在课上指出“人类的大脑天生就会去寻找我们渴望获得的东西”。这意味着，即使你不觉得自己有幽默感，也可以着力培养一种轻松愉悦的心态。下面这些方法，可以帮助你敞开心扉、发现快乐：

- 每天找出三件让你微笑的事情并记录下来。
- 注意古怪或有趣的事件和景象。
- 留心周围人的微笑和笑声，并加入其中。
- 想想能让你发笑的人，并多花时间与他们相处。
- 回忆曾让你感到开怀的内容。
- 思考你可以采取哪些行为来让自己变得不那么严肃。
- 在脑海中记下你最喜欢的笑话或趣事，与他人分享时，尝试想象自己站在脱口秀舞台上，尽力去生动地讲述（你可以考虑有意识地使用停顿和肢体语言来强化幽默的效果）。
- 通过参加即兴表演课程，拓展你讲笑话的技巧和舒适区。

为何做：幽默感能提升适应力、亲密度和快乐感，每天开怀大笑甚至能让我们更长寿。大笑还能降低血压、心率以及肾上腺素和皮质醇等压力激素的水平，这也是为何开怀大笑能带来显著的解脱感，还能令人如释重负。此外，大笑极具传染性，如果你对此持怀疑态度，可以观看一些大笑瑜伽的视频，看看自己会不会跟着笑出声。在一项研究中，医护人员参与了专为他们这个高压职业设计的即兴表演课程，他们的抑郁和压力症状有显著减轻。其他研究也发现，短期的即兴表演训练能够减轻完美主义、抑郁和焦虑等负面情绪。

从心理学角度来看，笑声可以被视为在轻松氛围下进行自我反思的机会。“喜剧演员逗我们笑时，他们常常在表达人们可能难以说出口却令人不安的真相，为观者带来一种宣泄的体验。”我的朋友、退伍军人医疗中心的心理学家、洛杉矶喜剧商店的首席执行官彼得·肖尔博士这样说。与一些可能令人感觉难以触及的特质不同，“任何人都有变得幽默的能力，只要他们愿意展示自己脆弱的一面”。肖尔非常风趣幽默，并成长于一个喜剧世家——他的母亲米茨·肖尔是著名喜剧俱乐部的共同创始人之一，帮助许多备受喜爱的喜剧演员在此开启了成功的职业喜剧人生涯。肖尔表示：“想要学会幽默，你首先要学会反省自身，嘲笑自己的不足。”在我看来，训练自己注意并创造机会来哄笑自己和他人，应该能被称为改善你与自己、他人以及压力关系的最佳方法了。

喜剧演员尼尔·布伦南曾与人合作创作喜剧节目，并在自己的奈飞平台特别节目中担任主演，他告诉我，喜剧也是一种宣泄情感、表达反叛精神和传播快乐的方式，并表示：“幽默给了我一种回应世界的方式。”他还解释了幽默是如何帮助他度过创伤和抑郁的。他肯定地说：“这是一种不可思议的天赋。”如果你的生活已经让你觉得太烦恼，以至于找不到任何乐趣和笑点，那你就更有理由尝试用这些策略来逗笑我（和你自己）。

行为释压练习

运用话术脚本缓解人际冲突的压力

何时做：在你思考如何表达自己的需求的时候想太多，且最终认为自己没得到他人的倾听或对你而言重要的东西时使用。

如何做：设想一个你想要请求某事、解决某个问题或拒绝某个要求的眼下情况，不管是个人生活或是工作中的场景都可以。花点时间思考你对这次互动有何具体期望。你可以想想自己希望在交流过程中和结束后获得什么样的感受，以及你期望对方如何看待你。

接下来，请你使用一个名为 DEAR MAN 的辩证行为疗法框架来构建你的请求，它可以帮助你在不过度思考的情况下提出请求或说“不”。这个框架包括以下要素：

D（Describe）：陈述事实

E（Express）：表达感受

A（Ask）：提出要求

R（Reinforce/Reward）：强调对他人有何益处

M（Mindful）：保持正念

A（Act）：自信行事

N（Negotiate）：按需协商

保持正念是避免沉浸在过去的痛苦中或过度索求的一种方式。通过专注于当前的请求，专注于当下，你感到不知所措的可能性就会降低，也不会令接到请求的对方感到压力过大。自信行事不仅是一种流于表面的行为，它实际上还可以帮助你发自内心地感到自信，避免在表达自己需求时表现出过度的歉意或卑微。同时，展现协商的态度和意愿意味着即使你的需求不能全部得到满足，你也有可能改善现状。

此外，你还要思考适合当前情况的请求语气，是应该温和地提出请求，还是坚定地表达立场。你可以设想一个从 0 到 10 的坚定程度量表，其中 0 表示沉默不语，7 表示自信地提出请求，而 10 表示坚决不接受对方的拒绝。如果你不确定应该如何把握请求的力度，可以思考下面几个问题：

- ○ 与你交谈的人是否真正能够满足你的要求？
- ○ 事实是否支持你的请求？（例如，你的诉求是加薪，想想你是否已经研究过同类职位的薪酬水平）
- ○ 你的请求在当下情境中是否适宜？（例如，你计划向朋友求助，想想你自己是否曾慷慨地帮助过对方）
- ○ 现在是提出请求的恰当时机吗？

现在，请你尝试在现实场景中运用这个沟通脚本。知道自己有一个靠谱的表述结构，就可以让你在坚持表达个人的诉求时面对更少的压力。

为何做：我通常觉得“房间里的大象”（无法忽视的重大问题）

这个比喻用得不太准确——当我们因某事烦恼不已或迟迟不敢提出对我们而言重要的请求时，仿佛有一头大象压在我们的肩上，令我们不堪重负。虽然人际关系中的冲突在所难免，但知道我们能够为自己发声，就可以避免压力的持续累积。当你能够以一种强化自尊的方式，分享自己的愿望和需求，并提高得到他人倾听的可能性，这本身就是一种解脱。虽然上面的 DEAR MAN 技巧一开始看起来可能有些僵硬死板，但你练习得越多，它就会越符合你个人的情况，并表现得更加自然。它还能帮你避免过于被动，或带着批判的眼光看人，而这两者都可能引发负面反应。

最后，运用 DEAR MAN 技巧可以让你与生活中的人建立更紧密的联系。坦率表达自己的需求，不仅能为你带来宽慰，你的反馈对他人来说也是一份礼物，比如无意中冒犯了你的同事，或是最近显得有些疏远的朋友，向他们表达你的真实诉求也会给他们带来好处。

少说别人的闲话

何时做：在你试图通过议论他人来填补谈话时的沉默，或以此让自己感觉更良好时使用本策略。

如何做：如果你想要知道是什么让你按捺不住说别人闲话的冲动，可以回想一下你最容易在什么时候八卦，以及何时你这种对他人说三道四的行为并没有明确的目标，比如保护某人不受伤害等。如果你在感到焦虑或不自在时容易对他人评头论足，请你留意是哪些情境引发了这些情绪（例如，与久未见面的朋友共进晚餐），然后提醒自己更加注意说出口的话，而不是任由情绪左右，脱口而出一些可能事后会懊恼不已的话。改掉说闲话的习惯可能并不容易，但你也不能因传播与他人有关的细节（你绝对不会在当事人面前说起这些话），而牺牲自己的价值观（比如，己所不欲，勿施于人）。如果你有特别热衷于八卦的朋友，不妨想出一个真诚的表达，温暖地鼓励他们重新反思自己八卦他人的冲动，比如："哎呀，我知道八卦别人的事情超有趣，但我真的更想听听你的故事！"

为何做：当然我们都知道，以一种令人疏远的方式说话，会令你很难与他人建立真正的联系，由此引发的孤独感必然导致压力。为此，我们可能会误以为分享一些八卦趣事可以迅速拉近彼此的关系，还能让自己显得风趣幽默，但公开谈论他人的私事表达出来的不忠诚，可能同样会令别人对你望而却步，不敢与你分享私密的信息。当然，我们都有谈论他人的冲动，尤其是在感到尴尬不安的时候。最近，我在跟一位朋友见面时谈话陷入了僵局，我下意识地提到了一位共同的朋友最近正在办理离婚手续的八卦，尽管我事后试图弥补，将这个八卦美化为想要理解和支持她的做法，但在这次见面结束后，我依然满怀担忧和后悔，这本应是一次愉快的老友重聚，而我却担心自己说了太多不该说的东西，并因此而懊恼不已。我在这次事后吸取到的教训是，我可不希望别人在闲聊时谈论到我生活中私密而痛苦的细节。

请你千万不要觉得不说闲话，就等于错过重要的人际交流，你应该让自己感受到，能以一种表明你活在当下，并有意识地表达信息的方式与他人相处，对你而言是一种鼓舞。“无意识的话语只会令我们变得狭隘、与他人格格不入，而用心之语，则源自对生命的深切敬畏。”正念导师及心理学家塔拉·布拉奇博士说。如果你不确定从何开始转变，布拉奇博士提到了佛陀的建议：说出真实的话（切勿夸大其词），说出有益而非无益的话。社交本应是如此振奋人心的活动——我们没必要用那些令人感觉消极、让你无法敞开心扉、无法专注于当下的闲言碎语来玷污健康的对话和自我感知。

建立非正式的人际关系

何时做: 在你想要减轻孤独感,让他人感觉自己得到重视时使用。

如何做: 在日常生活中，对你遇到的每一个人微笑，并与他们建立真诚的交流。如果这听起来有些难度，可以先从每天选择一个你在不经意间遇到的人开始，让这个人感到被关注。你可以开始留意那些在日常生活中经常遇到的人，并与他们进行有意识的互动。无论是给予一个温暖的微笑，还是询问并记住他们的名字，这些小小的举动往往是构建社区关系的基石。

为何做: 孤独与压力往往紧密相连，因为孤独感会触发身体的压力反应。在美国，超过半数成年人表示感到与社会脱节，因此，重新思考你与他人交往的方式很有必要。首先你要意识到，现代社会可能过度看重效率(比如,总是低头或偷看手机信息以逃避寒暄)。在一项研究中，研究人员要求一组志愿者前往星巴克，但不要与他人进行非必要的对话和互动。另一组志愿者则被鼓励通过微笑和简短交谈来积极展现社交的意愿。研究结果显示，仅仅花几分钟时间表现得友好开朗，就能提振参与者的积极情绪，并增强他们的群体归属感。

我的朋友乔纳森·费德博士是一位运动心理学家，他总是能轻松地与各行各业的人谈笑风生，无论是顶尖运动员还是企业高管。当我问他为什么能如此轻松自如地与各种身份的人闲聊时，他告诉我，对他而言，建立人际关系是一项持续的使命，并表示“我学会了用七十种不同的语言，每种语言都能说十来个词”，因为尝试用他人的母语与对方打招呼能迅速建立亲切感，这不仅是个有趣的破冰方式，也让接受者十分感动。如果你没有太多时间社交，费德博士建议将短暂的寒暄视为一个机会：“反正我已经在这里了——让我与人愉快地交流吧。哪怕只有短短几句话的时间，同样也是一种充满善意之举。”

在社交对话中保持充分的好奇心

何时做：当你在社交场合迅速排斥他人或担心不知道该说些什么时使用。

如何做：这时候，与其草率地对他人下定论，错失拓宽视野和建立新关系的良机，不如听从好奇心的指引。请你选定一个沟通的对象，然后带着渴望了解更多和开放的心态去接近对方，准备好学习新事物（可以尝试每天找一个目标人物来进行社交练习），请你尽量提出开放式且简短的问题，同时遏制急于表达认同的冲动，例如“哦，是啊，我也有过类似的经历”。不要将自己的经历与他人的经历做比较，这会显著削弱你学习新事物的能力，这个建议来自塞莱斯特·海德利，她是一位屡获殊荣的记者、《超成功对话术》（*We Need to Talk: How to Have Conversations That Matter*）的作者，以及广受欢迎的 TEDx 演讲《10 种方法让你的对话更出色》(*10 Ways to Have a Better Conversation*) 的演讲者。

在交谈过程中，你要认真倾听，并提出反映出真实兴趣的后续问题，如果你担心自己可能因过于好奇，而显得多事或爱打听，海德利女士建议你问问自己，如果别人向你提出同样的问题，你是否会觉得反感？你可以在恰当的时机说一些表达认可的话，展现出你对交谈对象的经历的理解和共鸣。如果你的思绪开始转向自我中心的想法，比如自己接下来应该说什么，可以想想辩证行为疗法中的 GIVE 原则。GIVE 是温和（Gentle)，感兴趣（Interested），肯定

（Validating）和平易近人（Easy manner)的缩写。它能有效帮助你建立和加强人际关系。

为何做：海德利女士指出，随时随地为我们提供搜索服务的互联网让很多人自视为万事通，但实际上，只要我们能抓住机会与他人交流，就能在他们身上学到经验和智慧。她表示，你越是能倾听他人的观点和故事，你就越能培养同理心和同情心，并减少种族歧视倾向。她表示，“真诚交流带来的益处几乎是无穷的”。

好奇心还能拓宽你的社交圈。专门研究如何减少孤独感的专家们指出，造成孤独的原因并非缺乏社交机会，而是适应不良的社会认知，或是助长了孤独感的不良想法。比如你打心底里瞧不上身边的任何人（我们毫无共同之处）或消极地评价自己（我不够酷，所以加入什么圈子，其实没有意义）。这类消极被动的思维方式，会持续滋生愤世嫉俗的情绪，使你更难建立健康的人际关系。

研究还发现，关注他人但不对他们或自己进行评判，可以有效减轻社交焦虑。如果你患有社交焦虑症，就会知道你很容易在与他人互动时过度关注自己。持续担心别人的看法，不仅会造成你的心理压力，还可能会印证“我不受欢迎”等消极的自我暗示，因为大多数人并不喜欢与看起来心不在焉的人交流。然而，当你将注意力从自己转移到他人身上，让自己完全沉浸于眼前的交流互动，就将散发出无穷魅力。海德利女士解释说：“在对话时，我们实际上越少说话，就越能享受交流的过程。”

记住，你不必显得机智过人或幽默风趣，只需要坚持GIVE原则，它将使你专注于倾听。让对方知道你在专心倾听，这就是你提供给他们的最好礼物，因为归根结底，每个人都希望被他人真正地看到和听到。

整理床铺

何时做：在你希望以满满的成就感开启一天的生活时使用。

如何做：每天早上花两分钟时间把床铺打理得干净整洁。

为何做："如果你想改变世界，就从整理床铺开始。"这句话来自得克萨斯大学奥斯汀分校的教授、海军上将威廉·麦克雷文在一次毕业典礼上的演讲。这句话随后风靡全网，并促使他写成了《整理你的床铺：小事能改变生活，甚至整个世界》（*Make Your Bed: Little Things That Can Change Your Life ... And Maybe the World*）这本荣登《纽约时报》畅销榜的好书。在美国海豹突击队受训期间，麦克雷文每天醒来的第一项任务，就是确保床铺整洁干净到无可挑剔，随时准备好接受检查：床角要方正，被子要叠成豆腐块，枕头要置于床头板的正中间。在训练期间，一想到还要度过压力重重的漫长一天——高强度的训练、缺乏睡眠以及令人不适的寒冷和潮湿，他就觉得这个小小的整理活动看起来像个笑话。但他逐渐领悟到了这项简单任务背后的深层含义，并在完成后感到自豪。

然而，我建议诸位在追求完美主义和不修边幅之间寻找一个平衡点，我很欣赏以一种能够培养自尊和成就感的方式开启新的一天。Hunch 网站针对 6.8 万人开展的一项调查显示，71% 在起床后整理床铺的人表示自己感到幸福，而 62% 不整理床铺的人承认自己不快乐。美国国家睡眠基金会开展的另一项调查发现，习惯整理床铺的人更有可能获得更高质量的睡眠，其可能性高出 19%。虽然整理床铺并非促成幸福或良好睡眠的唯一原因，但做一些提振情绪的小事（铺床），确实可以激发人的胜任感。麦克雷文上将说：“整理床铺还会强化这样一个事实：生活中的小事很重要。就如老话说的‘一屋不扫，何以扫天下’，如果你碰巧度过了糟糕的一天，回到家你会看到一张整洁的床——还是你亲手整理的——这张干净整洁、赏心悦目的床会给你鼓励，让你相信明天会更好。”

坚守计划，不要被情绪左右

何时做：在你因为情绪低落或缺乏动力，没有取得任何进展时使用。

如何做：你首先要意识到日程安排不应受到你在特定时刻的情绪左右，这将帮助你活出更精彩的人生。请你反思自己的情绪如何影响了行为，以及行为如何反过来塑造情绪。在你情绪不佳时，你会自然而然地想要推掉任务或取消计划，或者你想要等到自己更有信心时再开始努力追求一个目标的实现，然而这些本能反应实际上会造成一个恶性循环，加剧悲伤的情绪。

想要提振情绪，你可以安排一些即便在你感觉沮丧或无精打采时，也能让你感到成就感或被赏识的活动。从简单的小事开始，比如设定出门的时间，或在早上 9 点时坐到办公桌前重新阅读作业要求，然后在接下来的 30 分钟里草拟大纲。为了更好地坚持计划，你可以开动脑筋，想一些激励策略：比如在全身心地花两小时上网检索职位后，允许自己浏览社交媒体 15 分钟；或者为了强迫自己出门散步，你可以约上朋友一起，增加临时爽约的难度。在你完成一项活动后，可以花点时间记录下坚持计划行事给你带来的感受（比如，你可以在计划清单上打钩，停下来给自己点赞，而不是着急忙慌地去完成计划清单上的下一项任务）。这能巩固你的努力成果，如果你错过了日程表上的某个事项，重新找时间完成即可。记住，你的目标是创造一种忧虑全无的生活方式，而不是坐等外界动力来推动你努力前进。

早上 6:30	醒来，迎接晨曦，呼吸新鲜空气	
早上 7:00	锻炼	
上午 9:00	深度工作	
上午 11:30	查阅电子邮件	
中午 12:00	享用正念午餐	
下午 6:00	和朋友散步下午	
晚上 10:30	睡前身体自查	

为何做：行为激活，即积极去做与个人生活目标和期望相符的活动，是一种有效治疗抑郁症的循证方法。已有研究证明，定期开展行为激活的疗效不逊于抗抑郁药物治疗。情绪与行为往往紧密相连，让悲伤和焦虑左右你的行为，只会导致负面情绪的长期积累和加剧。专家们还鼓励深感悲痛且情绪并没有随着时间推移而逐渐减缓的人采取行为激活疗法，因为我们都需要在继续正常生活的同时为悲伤找到释放的出口。

在情绪不佳时，我们还很容易陷入拖延症的陷阱，为了逃避完成最重要的任务而去做一些不那么重要、回报也较少的琐事，比如精心整理办公桌或清空收件箱。宾夕法尼亚大学的拉塞尔·拉姆齐博士——他也是成人多动症治疗和研究项目的负责人——解释说拖延行为只会导致压力的持续存在。因此，除认清自己需要做什么，并制订一个初步计划之外，更重要的是明确自己可能在哪些方面阻碍了事情的进展，例如，把任务设置得过于宏大或含糊，或让思绪和情绪左右自己的行为等。拉姆齐博士告诉我，这将帮助你定期调整并“着手处理”（而不是推迟）那些对你来说至关重要的任务。

如果你担心条理不够清晰，可以使用纸质计划本或手机应用程序罗列所有待办的重要事项。如果你想专注于完成更多任务并感受变化之间的联系，应用程序“每日计划”(Daylio Journal) 可以为你提供帮助。

好好规划你的“欢乐时光”

何时做：在你被繁重的待办事项压得喘不过气来，以至于一直推迟享受生活的乐趣时使用。

如何做：想要给你的日常生活增添更多快乐，你可以尝试下面的方法：

- ○ 践行慈爱之心。
- ○ 追求你的人生目标。
- ○ 留意令你心怀感激的三件事。
- ○ 做一件好事。
- ○ 回忆一段美好的往事。
- ○ 就像安排约会一样，规划一系列令人期待的愉快活动，无论是观赏日落、与朋友相聚、去新餐馆探店、漫步新社区、参加娱乐课程、做做手工、观看喜剧表演，还是照顾一只小狗。追求多样化的积极体验，包括那些能立即增强你幸福感的活动（例如去看音乐会现场表演或参观博物馆），以及那些长期来看具有深远意义的体验（例如加深与朋友之间的联系）。
- ○ 做一项超出个人舒适范围的活动，这项活动可大可小，你可以一个人做，也可以和别人一起做。比如，参加一个舞蹈班，或者主动联系令你又敬又畏的人。

无论你选择做什么，都要保持投入当下的状态，在观看最喜欢的电视节目时，千万不要查阅工作邮件，没有比这更扫兴的事儿了。

为何做：美好的体验能拓宽你的心胸、改变行为模式，有效地抵御孤独感和过度思考的行为。此外，积极的人生体验还能深化我们与他人的联系，令我们活在当下。对美好计划的期待本身就能激发出期待的喜悦，已有研究证明这种喜悦之情能有效缓解压力。有意识地追求积极情绪，甚至可以抵消负面情绪对心血管的不利影响。研究表明，那些在紧张演讲后观看振奋人心视频片段的参与者，相较于观看悲伤或中性内容的人，情绪恢复速度更快。此外，研究人员还发现，仅仅是跳出自己的舒适区就能提升幸福感，可能的原因是这能带来成就感并改善自我感知。

最重要的是，创造快乐的机会不应被视为事后诸葛亮的想法，因为快乐的情感能够增强你的免疫力，提高你的经济收入潜力（你越快乐，就越有可能抓住赚钱的机会），并夯实你的人际关系。我们常常忘了，我们可以现在就让自己快乐起来，无须等到日程完全空闲、信心满满之时再悠闲地享受人生；如果真要等到那时，这可能意味着无限期地推迟享受生活的乐趣。

一次做好一件事

何时做：在你习惯了同时处理多件事情，并经常因此而感到分心或健忘时使用。

如何做：身处互联网时代，每个人的电脑都同时开着多个网页，无数应用随时随地弹出消息，这会令人很容易陷入多任务处理的陷阱。因此，你开动脑筋，想办法限制自己在不同窗口间切换的诱惑，就变得至关重要。因为频繁地切换任务将削弱你专注于单个任务的能力。“这就好比有人往你身上撒了痒痒粉，然后还让你去专注地冥想。”《被偷走的注意力》（*Stolen Focus: Why You Can't Pay Attention—And How toThink Deeply Again*）的作者约翰·哈里对我说。

回想一下你在同时处理多项任务时的情况，以及这种做法给你带来的实际效果（例如，在每周的线上会议过程中发短信，导致参与度不高；在采购日常用品时打电话，结果忘了买购物清单上一个重要的东西）。如果你需要更多动力来转变行为，可以列出在不同情境下全神贯注与多任务处理的利和弊。然后选择一项任务，不论是私人生活的还是工作上的，但前提是你要全心投入这项任务，你可能会发现自己获得了更多的乐趣或提高了效率。比如，全神贯注地读书就是个不错的选择（你看，我已经为你提供了一个很好的切入点）。

为何做：多任务处理（一心多用）现象可谓无处不在（甚至有

些人还引以为傲），但要同时做多件事并将它们都做好，几乎是不可能的。斯坦福大学的研究员凯文·马多尔博士和安东尼·瓦格纳博士指出："多任务处理几乎总是个不太妥当的说法，因为人类的心智和大脑根本不具备同时执行两个或更多任务的结构。"多任务处理不仅导致我们效率低下，影响记忆和表现，还会给我们带来巨大压力。加州大学欧文分校的信息学教授格洛丽亚·马克博士牵头的一项研究得到了业界的广泛引用，这项研究计算出人们在被其他人或事打断或切换任务前，专注在一项任务上的时间大约只有 3 分钟，而被打断后，他们需要大约 23 分钟才能重新专注于原来的任务！

在合理的情况下，请你尽可能养成放慢脚步、全力以赴的习惯，仅仅是这个转变就能让你对待办事项的看法和情绪大为改观。一次专注于做好一件事，也遵循了正念的核心原则，它要求你保持专注，不要因无益的想法和冲动而分散注意力。找到"心流"状态——因为太投入于正在做的事情而忘了时间流逝的状态——然后开始全身心地投入手头的事情中。"保持专注并非这世上最难的事情，人生必然还有更严峻的挑战，"哈里先生告诉我，"但如果我们不能从一开始就专注于一件事，就不可能妥善地解决任何问题。因为一个无法集中注意力的人，不管他（她）想要完成的事情是什么，其效率必然因分心而大打折扣。"

坦然接纳人生的不确定

何时做：在你难以接受无法控制的事情，且倾向于担忧人生的各种不确定，以过度琢磨或过分准备等方式来应对，但它们并未有效缓解你的担忧与焦虑时使用。

如何做：先列出你为了逃避不确定性而采取的各种“鸵鸟”政策，认知行为疗法专家将其称为隐形回避行为（例如，在做决定前，无论大事小事，都习惯性地花大把时间去研究和调查，或询问太多人的意见和建议）。想想是什么令你产生这些具体的忧虑的（比如，如果我做不到完美，人们就不会再尊重我；如果我不询问别人的意见，我就会犯下严重错误），然后做个实验，看看这些担忧是否纯属杞人忧天。举个例子，如果你习惯了在发送一封重要邮件前请朋友帮忙检查内容，那么试着不征求他们的意见直接发送。观察当你做到坦然接纳不确定性时，在现实中和情感上会发生什么。利用这些洞见创造新的实验机会，尝试去冒一些小风险（比如，为工作任务设定合理的时间限制，避免无休止地追求完美）。在刚刚尝试改变应对不确定性的时候，你可能会感觉焦虑加剧了，但随着练习的增多，你会逐渐重拾自信，获得更好的应对能力。

为何做：有些人更容易存在专家所说的不确定性不耐受的情况，对这些人而言，面对压力和难以忍受未知的双重困境，将大大加剧他们长期陷入焦虑无法自拔的可能性。尽管你可能想尽了办法来规避不确定性，不管我们喜欢与否，人生终究是不确定的。如果你总是要求朋友帮忙解读约会软件上收到的模棱两可的信息，或向空乘人员再三求证是否会遭遇飞机颠簸，抑或总是随身携带应急物品以防万一，你就应该明白，过度准备实际上是一种资源的耗竭。

我有一个客户，她总是日夜担心自己会英年早逝，害怕不知何时会突然出于某种原因而死去。这太可悲了，她在这些无解的问题上浪费了太多宝贵的时间。如今，她不再每次一有健康问题就往医院跑，而是开始学会在没有医生的确认下接受一些小毛病。这不仅极大缓解了她总是在最后一刻匆忙预约就诊的压力，也让她更加珍惜眼前的健康。

在撰写本书的过程中，我也屡次想要询问周围人的意见，想知道他们是否觉得这本书能与上一本书媲美，又或者他们是否认为这本书能真正帮助到有需要的人并获得读者的好评。然而，谁又能知道未来的读者们到底会怎么想呢？因此我也在反复练习这个策略，每当我渴望获得他人的认可时，就要意识到这个倾向并学会在不确定中保持冷静，然后练习思维重置策略“自我肯定”，并专注于我能够控制的事情。搞清楚自己逃避风险的方式，也是直面恐惧的重要第一步，通过审视自己的预测，并尝试改变原有的行为方式，你就可以提升以更开放的心态接纳未知的能力。

 直面你想要逃避的人或事

何时做：在你正在拖延或试图逃避令你焦虑的事情，而这种行为导致你无法前进时使用。

如何做：留意你到底在逃避什么，以及这种逃避行为如何妨碍你实现真正想要实现的目标。比如，你害怕与伴侣进行一场早应该进行的艰难对话，因此你迫使自己埋头于一些无关紧要的整理工作，以此分散注意力和拖延不做。要打破逃避的模式，你可以列一个清单，按照从最轻松的任务到最艰难的任务排序，并着手从感觉最轻松的任务开始行动（哪怕是打开一个空白 Word 文档，准备开始写一份报告）。开始做这个任务时，记得用更具激励性的想法，替换那些容易令你分心的想法（例如，不要想着“这太难了”，而是想着“我可以设定一个 10 分钟计时器，然后开始先写 10 分钟”）。为了保持继续努力的动力，你可以记录自己的体验，比如用下面这张表：

我一直在逃避的任务	不健康的设想	更具激励性的想法	我采取的步骤	启示

追踪并记录你在实现目标过程中的进展也很有用，因为人们总是更容易记住自己的恐惧，而非实际取得的进步。记录自己的经历

同样可以提醒你，为了克服最初的障碍所付出的时间和精力总是值得的。

为何做：反复面对你想要逃避的事物（非理性的做法），也就是所谓的暴露疗法，它是治疗焦虑症的黄金策略。归根结底，这是改变你对自身应对能力的看法，你与令你倍感压力的事物（压力源）之间关系的唯一方法。多年来，我接触过很多客户，他们因为过去的糟糕经历而不想开车，但又发现依赖不靠谱的共享应用程序会带来难以置信的压力。通过循序渐进的改变步骤，比如报名参加驾驶课程，先尝试在住宅区开车，熟悉后在非高峰时段的繁忙道路上练习。他们有时仍感到焦虑，但也开始体验到宝贵的驾驭感和能力感。实际上，直面你想要逃避的事物，其目的并不是消除恐惧，而是拓展你的视野和心胸，创造一种令你感觉更自由的生活。如果你曾在驾车过程中目睹过车祸，这必然会令你感到恐惧，这是正常的反应，但你不必试图通过立即驶离高速公路来消除这种恐惧，而是应该继续前行，学习如何在感到恐惧的同时安全驾驶。我甚至见过很多客户因为担心无法承受被拒绝的后果，而主动拒绝了可能改变命运的机会，比如申请一份新工作。然而，逃避并不能让你回避不适，它只会使你低估自己的能力，并错失改变人生的机遇。

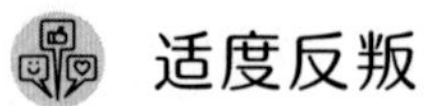

适度反叛

何时做：在你产生了一股表达自主性的冲动，并发现如果自己遵循这种冲动行事，一定会事后感到后悔不已时使用。

如何做：请你尝试辩证行为疗法提出的“替代性反叛”策略，它可以帮助你在不造成任何伤害的情况下更真实地生活。请你开动脑筋，设想一些无伤大雅的叛逆行为，或表达自己独特个性的行为方式，它们将让你感到自由。例如打破客厅所有的装饰规则，随心所欲地装饰成自己喜欢的样子；随机做一些不留名的好事；穿着“奇装异服”去游乐园；尝试全新的发色（一次性而非永久的）或在车里随着音乐起舞。每当你产生了叛逆冲动，但它实现的方式对未来没有好处时，不妨尝试“替代性反叛”清单上的一个活动。为了保持新鲜感，请你持续向清单添加新的想法和活动。

为何做：认为自己不能表达个性的感觉，会带来很大压力，当然，认为只有做一些离经叛道的事情才能获得自由，也是一种局限性想法。有些人渴望表达自己的独特性，并能从反叛行为中获得特别的快感。如果你认同这个观点，不妨寻找一条平衡之道，在满足自身反叛冲动的同时，避免做出伤害他人或自己的行为。我有一位朋友，在大学期间因课业过于繁重而倍感压力和压抑，于是选择全年穿着阿迪达斯凉鞋配各种羊毛袜，而不是随着季节变换调整鞋子的选择，以此表达自己的叛逆心理。我的母亲喜欢利用一些无伤大雅的恶作剧来表达她的叛逆和幽默感。比如，一旦她知道你害怕塑料蟑螂，就会恶作剧般地在你的身边藏一些塑料蟑螂来吓唬你。尽管我不觉得自己是个特别叛逆的人，但我尤为喜欢在专业场合穿着闪闪发光的运动鞋，并用小写字母发送大部分的邮件。实施这个释压策略的关键在于合理地疏导你内心不按规矩出牌的欲望，避免做出一些自我毁灭的事情。

必要时全面检查身体（和看心理医生）

何时做：在你已经错过了年度健康检查，尤其是当你感觉身体不适或有伤在身却试图置之不理时使用。

如何做：看看自己是否已经错过了体检或健康相关的预约检查，它可以是身体检查，也可以是心理健康咨询（比如去之前的心理治疗师处复诊，或安排与新治疗师的初次面诊）。如果你担心负担不起费用，可以寻找医保网内的医生或医疗机构；如果你没有医疗保险，可以去社区内的低价诊所就诊。《无意外法案》（*No Surprises Act*）能保护你免受意外的高额医疗账单的冲击，并要求医疗服务提供者在治疗前给出费用的合理评估。

为何做：舒缓压力以及改进应对压力的策略，能帮助你缓解诸如头痛和胃肠问题等身体不适。但采取预防性健康措施同样重要，它们能确保你不忽视任何潜在的健康问题，因为未得到治疗的健康隐患，同样可能严重影响我们的身心和情绪健康。我曾无数次在客户们身上看到，莱姆病、睡眠障碍、甲状腺问题、自身免疫疾病和维生素缺乏等未被诊断的问题，影响了他们心理治疗的效果。错过例行的牙齿检查，不仅可能导致昂贵和痛苦的根管治疗，还可能引发心血管问题。因此，与其坐等健康问题恶化，不如主动进行身体和情绪健康的常规检查。

直面经济状况

何时做：在你为钱发愁，不管是被债务压得喘不过气来，还是靠着微薄的工资勉强维持生活，或是因为成长于贫困家庭而对财务状况产生了非理性的焦虑时使用。

如何做：如果你一直不敢查看自己的财务报表、信用卡账单或银行账户流水，那么请你务必找个时间直面下面这些问题：

- ○ 看看你的固定成本是否可持续。
- ○ 如果可行，设置账单的自动支付。
- ○ 汇总身上的所有债务情况，研究最优化的还款方案。
- ○ 制订一个切实可行的支出计划，并规划一个固定的时间来定期审查自己的财务情况。
- ○ 使用类似“你需要预算”（YNAB）等财务规划应用程序来清晰地了解自己的消费模式和习惯。

如果你手里尚有余钱，遵照《我来教你变富》（*I Will Teach You to Be Rich*）一书作者拉米特·塞西的建议，进行“有意识的消费计划”可以是一种增强财务自主性的做法。这个计划要求你将资金分为四个类别：固定支出、储蓄、投资和自由支配消费。理想状态下，你的固定支出（如汽车和房租）不应超过税后收入的60%。如果超出了这个比例，你需要考虑降低这些支出或增加收入。塞西先生表示，如果在固定支出上超支，其他方面的资金就会变得紧张。如何更理性和快乐地解决金钱问题，是塞西先生的主要研究领域，他给出的合理开支建议是：在你完成固定支出后，资金规划的目标就应该是5%~10%的收入用于储蓄，并将同样比例的资金投资于你的401(k)退休储蓄计划和罗斯个人退休账户（Roth IRA）。搞定所有这些开销后，你可以根据剩下的金额，合理地犒赏自己。

如果你觉得个人财务状况复杂难懂，可以利用一些免费的财务咨询服务。无论是通过信用机构还是财务规划基金会（ffpprobono.org），它们都为符合条件的人提供免费的专业财务规划服务。

为何做：美国心理学协会最近牵头进行的一项关于压力的研究表明，72%的成年人为钱发愁。考虑到不断加剧的收入不平等和生活成本的不断上升，这种担忧无可厚非。然而，塞西先生指出的一个简单事实也让我十分惊讶："大多数人并不了解自己的基本财务状况。例如，在我了解的负债的人中，90%的人不清楚自己究竟欠了多少钱。"许多人发现，通过腾出心理和脑力空间，思考和审视开支带来的焦虑，他们可以积极采取行动和做出改变，获得平和宁静的心境。引人注目的是，一项研究显示，为低收入父母提供财务专员的一对一指导，不仅提高了他们的收入和储蓄，还提高了他们带孩子去看儿科医生的频率。

我并不想粉饰许多人面临的严峻现实——哪怕不停歇地工作，他们仍负担不起舒适的生活。然而，如果你的手头确实没那么紧张，尚有余钱可以灵活规划，就应该合理地审视自己的收入和支出，并制订一个适合的理财计划（避免因非理性的担忧而频繁检查账户），这可以让你与金钱的关系变得更加清晰，不再是一个捉摸不透的谜团。

自省错误，带来持久的转变

何时做：在你遭遇挫折后倾向于自责、将错误归咎于他人或认为进步无望而放弃时使用。

如何做：你可以选择自己最近遭遇的一个挫折作为分析的对象，比如在一次重要的活动中迟到，并因此错过了朋友的演讲。回溯事件的经过，利用链式分析法（辩证行为疗法的一个策略，旨在帮助你深入分析想要改变的行为）进行分析。拿出一张白纸，在左边逐条写下真实发生的事情，你可以列出是什么让你更容易迟到（前一晚睡眠不足，或早上的咖啡没有准备好），具体的触发事件（没有规划好离家出门的具体时间），导致你犯错的其他因素（感受、行为和想法，比如"我还可以再干完一件事再出门"），以及最终的后果（在前往活动的路上感觉压力很大，因为内疚而无法好好享受整个活动过程，回家后无缘无故对伴侣大发雷霆）。你可以参照下面这个表格进行分析与记录。

	发生了什么	我可以做何改变
不足之处		
触发性事件		
其他干扰因素（包括想法、感受和行为的细节信息）		
导致的多个后果		

在你清晰地分析了导致犯错的主要因素（尽管你可以自嘲，但你绝对不是永远都做不对事情的笨蛋）之后，就可以在每个关键节点找到解决方案，避免重蹈覆辙。这样一来，如果你再次遇到类似情况，就可以采取不同的应对方法。请你坚持用这个策略来改变你期盼改进的行为。

为何做：尽管人们很容易陷入“禁欲违规效应”[1]，即在经历一次失误后，认定自己不具备改变的能力并干脆选择放弃。重要的是你要记住，改变通常不是一帆风顺的。因此，面对挫折时，你应该灵活而有策略地应对并持续成长。审视和理解事情出错的原因，可以帮助你学会如何在下次做得更好。因为相同的因素经常在生活中重复出现，极容易导致我们重蹈覆辙。通过分析和解决那些阻碍你前进的行为和因素，你就能够做出有意义且持久的改变。

1 心理学术语，用来描述当一个人在尝试戒除或控制某种行为、习惯或成瘾物质时，一旦发生失误或违规，会感到挫败并认为自己无法成功戒除或控制，从而可能完全放弃原有的戒除或控制努力的心理现象。——译者注

后记

压力是激励成长的契机

多年来，我时常想起当年有幸接待的第一位客户，在第一次会面时，我非常紧张，因为我当时还是个心理学和社会工作专业的大四学生，正在进行临床实习。这位客户名叫迪恩，当时40多岁，住在组约市贝尔维尤医院附属的男性庇护所，他在那里接受药物滥用和分裂情感性障碍（一种影响情绪并可能导致精神病症状的疾病）的治疗。在第一次诊疗会谈中，我询问了他的过往经历和人生目标。迪恩向我倾诉了他遭遇创伤的经历和可卡因成瘾的问题，而所有这一切在他还不到10岁时就开始了，当时他试图通过吸食可卡因来逃避情感上的痛苦。我发自内心地想要帮助他，但考虑到我还是个经验严重不足的在校大学生，而迪恩个人面临的问题又极其复杂，我觉得自己或许不能帮他真正减轻痛苦。但我还是继续提问："在你长达30年的吸毒过程中，是否有过成功戒断的时候？"他非常礼貌地回答我："巴诺书店。"我一脸困惑地看向他，不太理解为何这家连锁书店能帮他戒毒。他接着解释说："我每天都去这家书店，跟上班一样，从早到晚在那里读各种各样的书。”他表示，这个日常习惯帮他实现了持续最久的戒毒期，长达六个月，即使他没有参加任何综合性干预项目。他通过设定了一个切实可行的目标（每天去书店），不仅做到了远离毒品的诱惑，还在他人的陪伴中体验到了乐趣和成长。

没人应当承受迪恩经历的诸多磨难，然而大多数人都面临着可能令人陷入绝境的巨大压力。在我们期待并倡导系统性变革以解决造成压力的社会根源时，迪恩的经历证明了依靠触手可及的援助资源，也能实现显著的改变。当然，迪恩仍需要专业援助来解决创伤问题，以及药物治疗来解决身体的病痛，但他的话语给我留下了深刻印象，那就是每个人都拥有内在的力量，能够通过做出切实可行的改变，改善自己的心理健康。当你发现自己处于恶性循环的边缘——因压力而想要逃避或冲动行事，且它们很可能会引发更大压力——请记住你随时可以选择重塑身心，无论是小步骤微调还是大步骤巨变，只要你能重塑身心，就能启动一个良性循环，它将鼓励你主动选择能够释放压力和提升自我价值的应对策略。请牢记，身心重塑的目标，并不是督促你做得更多，而是减少你的挣扎，并允许你用价值观照亮人生。

请牢记，身心重塑的目标，并不是督促你做得更多，而是减少你的挣扎，并允许你用价值观照亮人生。

亲眼见证客户们以之前不敢想象的技巧和策略，一次又一次成功地应对令人沮丧的生活经历和人生的不公，我收获了诸多宝贵的启示。即使本书提供的各项策略有时可能令你感到不堪重负，或是不符合你个人的行为方式，改善你与自己的思想、情感和身体感觉的关系，以及尝试新的行为，并不总会令你感觉遥不可及。思考我们想要过什么样的生活、集中注意力、与人建立联系、放慢呼吸节奏和行为，都不是一蹴而就的转变，它们不会带来即时满足感，但能让我们体验到更多的轻松与自由。就好像拾起一颗颗珠子穿成一条项链，循序渐进地积累这些重置和释压策略，养成可长期持续的习惯，将让你的人生充满无限可能。

就我个人而言，每当我感觉身心俱疲，或想要冲动行事，去做一些我事后一定会后悔的行为时，深入了解和践行这些策略总会令我豁然开朗。在那些要半夜起床哄因噩梦而苦恼不已的孩子、频频听闻令人失望的消息、接连不断地安抚身处绝境与危机中的客户的暗淡日子里，我无比感激这些释压工具的存在，因为我们和身边的每个人，都值得拥有最好的自己和最美好的人生。我从不向客户推荐自己没有亲自践行并亲测有效的方法，所以我可以很欣慰地说，本书提供的诸多策略和技巧，在过去的多年里帮助我度过了无数艰难时刻，成为推动我实现积极转变的催化剂，为我的人生带来更多的意义。我很幸运能够花费数十年时光研究最佳的生活实践，并希望这些让我的人生变得更美好的工具，也能点亮你的生活。事实已然证明，这些重置和释压策略能够激励每个人实现一系列积极向好的转变，不仅能强健我们的体魄，还能转变个人的叙事，增强我们的心理韧性和健康。

心理自助疗愈的目标远不仅是自我提升，它还致力于帮助他人，因此要记得，你为提振身心健康付出的每一份努力，无论多么微不足道，都能给身边人带来深远的影响。正如精神病学家杰罗姆·莫托在一项跟踪了八百多人的研究中发现的那样，一些看似举手之劳的事情，比如向经历过精神危机的人发送简短的关怀信，可以显著降低他们自杀的风险。这也充分证明，向他人表达他们很重要以及你在乎他们的信息，无论是在顺境还是在逆境下，都将产生巨大的影响力。采取积极的、有意识的行动来改变自己的生活轨迹，以及在他人的生活中创造积极连锁反应，具备强大的正能量，我希望你永远都不要低估它们的力量和潜能。请你现在就开始行动吧，此时此刻就是开启全新人生的最佳时机！

致谢

我要衷心感谢以下各位，你们组成的优秀团队是我合作过的最轻松且令人愉快的团队，感谢你们与我携手将一个想法逐渐打磨成一本精美的书籍，感谢瑞秋·蒙特普莱森特，感谢你对本书创意的信任、对内容的卓越编辑、对细节的完美追求和对我的鼓励与宽容，这令我感激不尽。同时还要感谢利亚·罗南、莎拉·史密斯、芭芭拉·佩拉金、金·戴利、埃里卡·希门尼斯、索菲亚·库、杰奎琳·哈德森、丽贝卡·卡莱尔、莫伊拉·克里根、辛迪·李和伊拉娜·戈尔德，感谢诸位出色的工作。与沃克曼出版社合作是一种梦幻般的体验。林赛·埃奇科姆，我对你的镇定和力量印象深刻，并非常幸运能请你代理本书。葆拉·达罗，你教会了我许多关于优秀写作和慷慨的知识。

本书的创作始于罗伯塔·泽夫在《纽约时报》上发表的一篇文章，它提到了我的 5 分钟压力重置策略，为此要特别感谢她以及多年来一直不懈努力的编辑们，尤其是蒂姆·赫莲娜和亚当·科迪什。同时还要感谢罗扎莉娜·伯科娃为本书绘制的美丽插图。

撰写本书的最大乐趣之一，是得以领略数十位专家、导师和有趣人物的智慧与慷慨，他们欣然同意与我交谈。在此我要特别向以下各位致以深深的谢意：科里·纽曼、杰里米·贾米森、莎伦·萨尔茨伯格、埃德·沃特金斯、杰西卡·施莱德、理查德·布朗、帕特丽夏·格尔巴格、托拉·T.萨鲁米、亚瑟·罗宾·威廉姆斯、罗伯特·惠特克、约书亚·斯迈思、詹姆斯·彭尼贝克、威廉·格林、乔治·斯拉维奇、杰克·费尔德曼、B.J.米勒、乔纳森·法德尔、彼得·肖尔、尼尔·布伦南、温迪·贝瑞·门德斯、霍桑·史密斯、迈克尔·珀利斯、拉米特·塞蒂、约翰·莫伊尼汉、基莉·亚伯兰、詹妮弗·阿克、娜奥米·巴格多纳斯和塞莱斯特·海德利。

还要特别感谢多年来激励我、支持我的同事和人们，特别是亚当·格兰特、克尔斯滕·汤普森、莎拉·米勒·利普顿、马特·卡根、洛伊斯·贝尔曼、特蕾西·基斯纳、丹·古德曼、伊曼纽尔·梅登伯格、萨里·艾奇斯、丹尼斯·格林伯格、安娜丽丝·卡隆、西蒙·雷戈、朱莉·弗拉加、埃莉诺·戈德堡、阿曼达·塞顿、大卫·比埃洛、乔纳森·科恩、马伊姆·比亚利克、亚历克斯·库珀和梅根·基恩。在此特别鸣谢尼基·库珀·贝克、凯特·巴伦和索尼娅·泰兹等人的鼎力相助，感谢诸位反复阅读本书的多版草稿，并慷慨地提供了最有用的反馈。想到你们始终愿意随时提供支持和帮助，对我的意义重大。同时，我还要感谢丹妮拉·卡亨和詹娜·斯特朗沃特，感谢你们无可挑剔的品位和无私分享的设计意见，以及你们在本书撰写过程中，给予我的诸多同情与欢乐。

此外，我深感荣幸能与这么多客户合作，我不敢相信自己有多幸运才能认识你们，并见证你们直面问题的勇气和成长。我还要感谢心理学领域的先驱们，尤其是玛莎·林纳涵、史蒂夫·海耶斯、亚伦·贝克、辛德尔·西格尔以及戴夫·巴洛，本书充分援引和借鉴了诸位的理念和研究成果，它们为我提供了一份极其宝贵的指南。所以，让我在此再次感谢诸位为减轻人类痛苦而付出的努力与奉献精神。

我已故的祖父母，埃米尔和西尔维娅·塞雷茨，让我体会到了活在当下、坚持不懈（尤其是在创造性追求中）的力量，以及让他人感到被珍视和鼓舞的重要性，这些信念激励我走上了临床心理学的职业道路。西蒙和吉塔·泰兹，作为纳粹大屠杀的幸存者，向我传授了关于韧性和复原力的宝贵一课。

感谢我的父母，伊曼纽尔·泰兹和约瑟法·塞雷茨，你们总是不遗余力地支持我；感谢我的姐妹们，米歇尔和丽贝卡，在孩子们眼中，你们是最风趣幽默、充满爱心的阿姨；还有我的公婆卡伦和比尔，感谢你们成为尽职尽责的祖父母。吉米、索尼娅、保罗和莫舍，感谢能跟你们成为一家人。阿娜和玛莉，你们就像我的家人一样。

西尔维、埃利和阿舍，我无法用言语表达我感到多么有幸能成为你们的母亲，感谢你们每个人都拥有宽广的心胸，努力做正确的事，我无比感恩能引导你们的成长。亚当，从你毫不犹豫地笑着同意我在这本书中分享你糟糕的一天的故事，到你为孩子们组织了那么多愉快的周日活动，以便让我能全身心投入写作，所有这一切都令我心怀感激，我多么幸运能有你作为伴侣，因为我们的梦想是相通的，你的梦想也是我的梦想。

感谢我的朋友们，以及朋友圈和工作圈里的所有人，你们都清楚地知晓自己的人生价值和意义，这令我深受感动，社会支持的力量确实名不虚传，再次感谢诸位的鼎力相助。

最后，感谢诸位读者，光是想象你们阅读这些文字的画面，就令我充满了写作的动力，督促我笔耕不辍。感谢你们愿意阅读本书，你们为身心健康和改变付出的努力令我无比动容。

扫码查看本书参考文献

轻释压

作者 _ [美] 詹妮弗 · L. 泰兹 (Jennifer L.Taitz)
译者 _ 彭相珍

编辑 _ 刘悦慈　装帧设计 _ 向典雄　主管 _ 来佳音
技术编辑 _ 丁占旭　责任印制 _ 杨景依　出品人 _ 李静

鸣谢

潘毅

果麦
www.goldmye.com

以 微 小 的 力 量 推 动 文 明

STRESS RESETS by Jenny Taitz

著作权合同登记号：图字 01-2024-2704 号

图书在版编目（CIP）数据

轻释压 / (美) 詹妮弗 · L. 泰兹著 ; 彭相珍译 .
北京 : 中译出版社 , 2025. 9. -- ISBN 978-7-5001
-8159-0

Ⅰ. B842.6-49

中国国家版本馆 CIP 数据核字第 2025NH0796 号

轻释压
QING SHIYA

著　　者：［美］詹妮弗·L. 泰兹（Jennifer L.Taitz）
译　　者：彭相珍
策划编辑：朱小兰
责任编辑：朱小兰
文字编辑：苏　畅　朱　涵
特约编辑：刘悦慈
推广策划：朱　晗
装帧设计：向典雄
出版发行：中译出版社
地　　址：北京市丰台区右外西路 2 号院中国国际出版交流中心
电　　话：（010）68002494（编辑部）
邮　　编：100069
电子邮箱：book@ctph.com.cn
网　　址：http://www.ctph.com.cn

印　　刷：嘉业印刷（天津）有限公司
经　　销：新华书店
规　　格：880 mm × 1230 mm　1/32
印　　张：9
字　　数：193 千字
版　　次：2025 年 9 月第 1 版
印　　次：2025 年 9 月第 1 次印刷

ISBN 978-7-5001-8159-0　　　　定价：59.00 元

中　译　出　版　社